JN200476

教育方法48

中等教育の課題に教育方法学はどう取り組むか

日本教育方法学会編

図書文化

まえがき

　今号は中等教育を中心に編成されている。これまでにも中等教育を主題とした論文が掲載されたことはあるが，一巻全体を貫いて論文がラインアップされたことはない。今回中等教育特集となったのは，なにより現在の教育改革の焦点が中等教育にあるからである。社会的には民間英語検定の利用の是非や大学入試センター試験の内容の変化をめぐる議論に現れているが，そうした表層の変化に留まらず，教育活動も変化し，中等教育全体を変えると想定される。これまでも学習指導要領の改訂は中等教育をなにほどか変えてきたが，今回は大学入試の変化と連動していることから，中等教育段階における授業の在り方を確実に変化させると見込まれるのである。こうした変化を見越して，学力論や授業論さらには評価論との関連で考察したものが第Ⅰ部である。

　松下佳代は，従来の学力という枠組みは「過去から現在へ」の方向性を持ち，現在の資質・能力論は「未来から現在へ」の方向性を内に持っているという観点から「中等教育改革と教育方法学の課題」を論じている。

　岩間徹・大野栄三は，探究にシフトしようとしている高校の教育をイギリスの「21世紀科学」の影響を受けた教材研究と授業を参考に，「探究を重視した理科授業を具体化するために」を提案している。

　藤瀬泰司は，模擬投票に終わりがちな主権者教育を，財政問題である国債と関わらせながら「主権者の育成と中等教育実践の課題」を，実践を踏まえつつ提案している。

　二宮衆一は，学習の結果の評価では把握できない「探究的」な学習のプロセス評価の枠組みとその試みを検討しながら，その可能性と陥穽を「探究学習における教育評価のあり方」として論じている。

　各論文に「探究」や「市民性」や「資質・能力」といった言葉が用いられていることからわかるように，すでに消費され始めた定型的把握に再検討を迫る議論が第Ⅰ部には散りばめられている。研究的な思考刺激となるに違いない。

第Ⅱ部は「子どもの多様性と中等教育実践の課題」として，思春期から青年期前期の子どもたちが直面する生活と教育の課題について，これまでの研究を前に進めようと思索している。

　白石陽一は，「子どもが『運命を背負う』過程に教師が『伴走』する」と題しているが，これは竹内常一の中等教育段階における教育実践の分析方法の特質を抽出し，そこから中等教育実践の課題を浮き上がらせようとする試みである。

　金井香里は，ニューカマーの子どもたちといわれるようになっておよそ30年を経た，現在のニューカマーの中高生とその教育課題を「多様な文化的背景の子どもたちと中等教育実践の課題」と題して論じている。

　永田麻詠は，ユネスコの作成した『ガイダンス』を主として検討しながら「性的マイノリティをめぐる授業実践の課題」を検討し，国語教育をはじめとした教科学習の中に，マイノリティについて学ぶうえで課題が多くあることを指摘している。

　望月未希は，入学者の四分の一以上が退学していく高校で，教科の目標を捉え直すところから始めた取り組みを「進路多様高校におけるカリキュラム開発」として報告している。

　第Ⅱ部は，教育改革のメインストリームから脇に置かれがちな所に居る子どもたちに光を当てている。異質排除の空気が強い社会状況と深いかかわりをもっているが，状況に配分されるだけではない教育の営みをそこに見いだし，そこから研究的前進を構築しようとしている。

　第Ⅲ部では，このところ継続している教育方法学の研究動向について，岩田遵子には「幼児教育の方法に関する研究の動向と課題」を，杉原真晃には「高等教育に関する研究動向」を俯瞰する論考をいただいた。

　中等教育を特集とする初めての号となったが，まだ取り上げられていない研究領域や研究の角度がある。一つは，中高生は何を学ぶべきなのかという問い

に応える研究である。高等教育のための準備教育的位置づけ，産業と職業の興亡が中等教育に影響を与えてきたが，中等教育で何を学ぶべきかに関する教育方法学的研究は今回取り上げられていない。プログラミング教育や小学校英語は社会的圧力優先で始まってしまったが，何が学ばれるべきかやその根拠は置き去りにされたままである。同様に，中等教育は多様化の高止まり状態にあるが，各教科・科目は名称が同一であったとしても，中身は階層間において多様という様相を呈している。したがって，階層内では近似する傾向がある。その意味で，自然認識や社会認識など人の全体的認識を見渡した内容構成論的研究は脇に置かれがちであり，今後の課題の一つだ。

　中等教育段階における授業研究についても残された課題だ。授業研究は小学校を中心に展開してきた歴史があり，中等教育段階の固有性を意識した研究はなお少ない現実がある。学力格差が大きいとされる階梯における「知の共有」をどこに見いだすのか。言葉の反復再生をもって理解としてしまう水準がなかなか越えられないなど，中等教育の課題は山積している。

　急速に進む中等教育の画一化に対して，教育実践の多様化と教育方法学研究の開拓的研究が広がることを期待せずにおれない。それらが集積して，二度三度と中等教育の特集が今後も組まれていくことを期待したい。

2019年8月

代表理事　子安　潤

目次 教育方法48

まえがき　　　　　　　　　　　　　　　　　　　　　子安　潤　　2

第Ⅰ部　中等教育の改革と授業実践の課題

1　中等教育改革と教育方法学の課題
―資質・能力と学力の対比から―　　　　　　　　　松下佳代　　10

1　問題と目的　10

2　資質・能力の概念とそのモデル　11

3　授業における資質・能力の育成―対話型論証に焦点をあてて―　15

4　教科外の活動での資質・能力の形成
　　―「大きな学力」としての資質・能力―　19

5　結び―教育方法学の課題―　21

2　探究を重視した理科授業を具体化するために
　　　　　　　　　　　　　　　　　　岩間　徹・大野栄三　　23

1　2018年改訂の高等学校学習指導要領と探究する学習　23

2　探究実験の方向性を示す*Advancing Physics*　25

3　内容検討から公開講座，通常授業での活用へ　28

4　*Advancing Physics*のその他の内容　30

5　*Advancing Physics*教材から得られたこと　32

6　おわりに　33

3　主権者の育成と中等教育実践の課題
―社会科・公民科の授業づくりを事例にして―　　　藤瀬泰司　　36

1　はじめに―副教材を使った主権者教育の意義と課題―　36

2　中等公民学習の授業改革の方向性―租税・財政学習の場合―　38

        3　主権者を育てる中等公民学習の授業開発
　　　　―単元「国債問題について考える」―　40
        4　おわりに―主権者として議論するために必要な知識・技能の習得―　47

4　探究学習における教育評価のあり方　　　　　　　　二宮衆一　50

        1　求められる探究学習　50
        2　「探究」「探究的」な学習に関わる評価の試み　52
        3　「探究」「探究的」な学習活動の評価の課題　58
        4　「探究学習の評価」から「探究学習のための評価」へ　60
        5　「クライテリア・コンプライアンス」という問題　63

第Ⅱ部　子どもの多様性と中等教育実践の課題

1　子どもが「運命を背負う」過程に教師が「伴走」する
　　―初等教育の「延長」ではない，中等教育実践の独自の課題―　　白石陽一　68

        1　はじめに　68
        2　性遍歴を介して自分の「人生を選ぶ」ということ　69
        3　複雑な現実を複雑なままに見る　73
        4　進路指導における人生の選択　78

2　多様な文化的背景の子どもたちと中等教育実践の課題
　　　　　　　　　　　　　　　　　　　　　　　　　　　　金井香里　82

        1　はじめに　82
        2　中等教育段階のニューカマーの子どもたちの実態　84
        3　学業達成（学業継続）と進路形成をめぐる子どもたちの困難　88
        4　中等教育段階の子どもたちに対する教育実践をめぐる課題　90

3　性の多様性をめぐる授業実践の課題と展望　　　　　永田麻詠　95

　　1　中等教育段階の子どもの実態　95
　　2　学校教育における取り組み　97
　　3　性の多様性をめぐる授業実践の展望―包括的性教育を手がかりに―　100

4　進路多様高校におけるカリキュラム開発
　　―社会に開かれた教育の追求―　　　　　　　　　望月未希　108

　　1　はじめに　108
　　2　A校の状況　108
　　3　カリキュラム開発の構想　109
　　4　カリキュラム開発の取り組み　111
　　5　実践の具体例　113
　　6　生徒の変化　118
　　7　おわりに　120

第Ⅲ部　教育方法学の研究動向

1　幼児教育の方法に関する研究の動向と課題　　　　岩田遵子　124

　　1　はじめに　124
　　2　保育環境についての研究動向　126
　　3　幼児理解についての研究動向　127
　　4　保育者の専門性　130
　　5　「方法」と「臨床」の往還を提案している研究　131
　　6　保育方法に関する研究の課題　132

2　高等教育に関する研究動向　　　　杉原真晃　136

1　アクティブラーニングと教育方法　136
2　テクノロジーと教育方法　138
3　コミュニティへの参加と教育方法　140
4　ユニバーサルデザインと教育方法　142
5　まとめ　143

I

中等教育の改革と授業実践の課題

1　中等教育改革と教育方法学の課題
―資質・能力と学力の対比から―

2　探究を重視した理科授業を具体化するために

3　主権者の育成と中等教育実践の課題
―社会科・公民科の授業づくりを事例にして―

4　探究学習における教育評価のあり方

10 第Ⅰ部 中等教育の改革と授業実践の課題

1 中等教育改革と教育方法学の課題
—資質・能力と学力の対比から—

京都大学 **松下 佳代**

❶ 問題と目的

　中等教育はいうまでもなく，初等教育と高等教育の間にある学校教育の段階
であり，発達的には思春期にあって自立と個性化が行われる時期である。志水
（1989）は「中等教育の社会学」と題する論文の中で，中等教育を〈職業教育
と普通教育〉〈平等主義と能力主義〉〈義務教育としての中学校と義務制ではな
いが就学を半ば強制的に期待されている高等学校〉という3つの位相において，
「2つの異なるベクトルをもつ要素が出会う場所となって」おり，いわば「三
重に引き裂かれている」と特徴づけた。

　このような中等教育の基本的性格は，現在も維持されている。だが，この
30年の間に行われてきた中等教育をとりまくさまざまな改革によって，その
中身には大きな変化が生じている。例えば，私学ブームや中高一貫校の増加に
よって中学受験者が増加し，平等主義と能力主義のせめぎあいの始点は高校受
験から中学受験に引き下げられた。また，中高一貫校の増加だけでなく，小中
一貫校の設置や高大接続改革の推進により，初等教育と中等教育の境界，中等
教育と高等教育の境界が緩くなってきている。

　一方，1990年代以降，総合学科・単位制高校，通信制高校といった新しい
タイプの高校・学科が次々に設立され，また，スーパーサイエンスハイスクー
ル等の指定が行われることで，高校の多様化・差別化が進んでいる（中央教育
審議会初等中等教育分科会高等学校教育部会「審議まとめ—高校教育の質の確
保・向上に向けて—」2014年6月）。ただし，普通科・専門学科ともに大学・
短大進学率が上昇すると同時に，普通科でもキャリア教育が盛んに行われるよ

うになるなど，逆に「普通教育と職業教育の相互接近」（小黒, 2015）も進行している。

　このような中等教育の現状や課題は，教育社会学の他にも，教育行政・経営学，職業教育学，教科教育学など多様な領域において検討されてきた。では，教育方法学はどう取り組むことができるのだろうか。本稿では，「資質・能力」に焦点をあて，「学力」と対比させながら，現在の教育政策における資質・能力概念の特徴を浮き彫りにするとともに，そのオルターナティブを示すことで中等教育改革に対して教育方法学がなしうる貢献を示したい。学力や能力は，教育方法学において，長らく中心的なテーマの1つとされており，中等教育の課題に教育方法学が取り組む際の適切な切り口となりうると考えるからである。

❷　資質・能力の概念とそのモデル

(1)「資質・能力の3つの柱」の見直し

　「資質・能力」が教育目的・目標として取り入れられ始めたのは「生きる力」を謳った1996年7月の中教審答申（「21世紀を展望した我が国の教育の在り方について」）の頃からであり，2006年の教育基本法改正において教育の目的や目標に「資質」や「態度」が盛り込まれたことにより本格化した。2017・18年の学習指導要領の改訂にあたっては，当初，2007年の改正学校教育法で規定されたいわゆる「学力の3要素」から出発したが，審議の途中で「資質・能力の3つの柱」へと置き換えられることになった。告示された2017・18年版学習指導要領では，「資質・能力の3つの柱」を教育目標として掲げるだけでなく，教育課程のすみずみまで行き渡らせることによって，その具体化を徹底させようとしている（松下, 2019a）。つまり，「資質・能力の3つの柱」は初等・中等教育改革の中核的な概念であるといっても過言ではない。

　そもそも「資質・能力の3つの柱」はどのようにして作られた概念なのだろうか。その理論的根拠となっているのは，カリキュラム・リデザインセンター（Center for Curriculum Redesign: CCR）のフレームワーク（Fadel et al., 2015）で

ある。一般に，資質・能力の枠組みの多くは，知識・スキル・態度（Knowledge, Skills, Attitudes: KSA）によって構成されているが，CCRでは，これにメタ学習を加えた「4次元の教育」を標榜している。「3つの柱」と「4次元の教育」の両者および「学力の3要素」を比較すると，まず，第1・2の柱は，「学力の3要素」をそのまま引き継いでいるのに対し，第3の柱については，CCRの「人間性」と「メタ学習」（そのうちの成長的マインドセット）をまとめて「学びに向かう力・人間性等」とされていることがわかる。また，「知識」と「スキル」は本来異なるカテゴリーであるはずだが，「学力の3要素」でも「資質・能力の3つの柱」でも「知識・技能」で一まとまりにされ，スキルの位置には「思考力・判断力・表現力」が置かれている（表1）。つまり，もともと「学力の3要素」が抱えていた問題（KSAの中に「思考力・判断力・表現力」という次元の異なるものを押し込めたこと）はそのままにして，さらに，2つのカテゴリーを1つの柱にするという無理が重ねられてできあがったのが「資質・能力の3つの柱」である。

　これは単に理論上の問題ではなく，実際，教育現場に混乱をもたらしてもいる。例えば英語の4技能が仮に「技能」だとすれば，「思考力・判断力・表現力」に何が残るのか。体育や美術での「身体的技能や芸術表現のための技能」を「技能」に入れてしまった場合，それと別立てされた「表現力」にどんな実質があるのかなど，スキルと思考力・判断力・表現力の混同が混乱をもたらす一因となっている。知識がスキルと独立したカテゴリーとされなかったことは，翻って，知識の固有の位置をみえにくくもしている。

表1　資質・能力の枠組み

	カテゴリー1	カテゴリー2	カテゴリー3	カテゴリー4
学力の3要素	知識・技能	思考力・判断力・表現力等	主体的に学習に取り組む態度	
資質・能力の3つの柱	知識・技能	思考力・判断力・表現力等	学びに向かう力・人間性等	
CCRフレームワーク	知識	スキル	人間性	メタ学習（メタ認知・成長的マインドセット）

(2) 資質・能力の三重モデル

このような問題点に対して，本稿では，OECD Education 2030のモデル（OECD, 2016, 2018）をふまえたうえで，**図1**のような「資質・能力の三重モデル」を提案したい。

図1　資質・能力の三重モデル

「資質・能力の三重モデル」では，①資質・能力を構成する個人の内的リソースを「知識」「スキル」「態度・価値観」とし，②コンピテンシーを〈ある目標・要求・課題に対して，内的リソースを結集させつつ，対象世界や他者とかかわりながら，行為し省察する能力〉として捉え，③思考力・判断力・表現力などの能力は，そのようなコンピテンシーの例とみなす。

このモデルは，これまでの資質・能力論における3種類のtriad（三つ組）を包含する（「三重モデル」という名称はそこから来ている）。まず，従来のKSAモデルは「知識」「スキル」「態度・価値観」の3つの要素の中に組み込まれている。また，コンピテンシーを「対象世界との関係」「他者との関係」「自己との関係」という3つの関係性によって捉え，その中心に省察性を置くというOECD-DeSeCoのキー・コンピテンシー概念は，このモデルのコンピテンシーの中に引き継がれている。さらに，「基礎力」「思考力」「実践力」という3つの層からなる国立教育政策研究所（2016）の「21世紀型能力」は，「資質・能力の三重モデル」に内在する3つの層（知識・スキルなどの層，コンピテンシーの層，行為と省察の層）にほぼ対応すると考えられる。逆にいえば，従来の資質・能力モデルは，「資質・能力の三重モデル」に表現されている重層的な資質・能力のある一面を切り取って論じていたとみなすことができる。

（3）資質・能力と学力の違い

　ここで「資質・能力」と「学力」の違いについて考えてみたい。一般に，学力は能力の一部と考えられており，「学力の3要素」と「資質・能力の3つの柱」にもさほど大きな違いはないようにみえる。だが，従来，教育学で論じられてきた学力と現在の教育政策における資質・能力は，2つの点で対照的である。

① 〈過去から現在へ〉と〈未来から現在へ〉

　教育学における「学力」とは，一種の外化された遺伝情報である文化（学問・芸術・身体文化など）を内化することで形成される知的能力のこととされてきた（中内，1988）。つまり，学力には，蓄積されてきた文化を社会のメンバーとなるべき子ども・若者に伝達継承するという〈過去から現在へ〉の方向性が内在している。

　一方，現在の教育政策では，（望ましい）未来の状態を想定し，そこを起点に今何をすべきかを考える「バックキャスティング」（Dreborg, 1996）の手法が採用され，その中で資質・能力のあり方が提案されている。例えば，2017・18年版学習指導要領の方針を示した2016年12月の中教審答申では，2030年という未来を第4次産業革命，グローバル化の進展などによって描き出しつつ，来る2030年に向けて，よりよい社会と幸福な人生の創り手となれるようにするための教育目標として「資質・能力の3つの柱」が掲げられている。このように，現在の教育政策における資質・能力論に見られるのは，〈未来から現在へ〉という方向性である。

② 〈境界設定〉と〈境界横断〉

　学力は主に，文化の特定のまとまりを組織化して作られた教科の学習を通じて形成される。つまり，学力は教科という境界の設定を前提としている。一方，資質・能力は，教科の中だけでなく，教科横断的に育成されるべきものであり，さらに，学校段階の違いを越え，学校と社会をつなぎ，生涯にわたって形成されるべきものと考えられている。つまり，資質・能力にもとづく教育は，教科間の境界や学校と学校外・学校後の間の境界を横断し崩していく働きをするのである。

1 中等教育改革と教育方法学の課題　15

　こうした資質・能力の性格は，冒頭にあげた現在の中等教育改革にも反映されている。「学力の3要素」と「資質・能力の3つの柱」にはさほど大きな違いはないようにみえるが，それは，「学力の3要素」がすでに資質・能力の性格を多分に含んだ学力概念であるからにほかならない。

　以下では，教科等の授業と教科外の活動の2つの実践フィールドから例をとりながら，さらに資質・能力の育成・形成についてみていこう。

❸　授業における資質・能力の育成─対話型論証に焦点をあてて─[1]

(1) 対話型論証とは

　図1で示した資質・能力のモデルが与える実践的示唆は，コンピテンシーを育てるには知識，スキル，態度・価値観を結集させながら課題に取り組む活動を授業の中に設けることが必要だということである。そのような活動には多様な形がありうるが，本稿では，さまざまな授業で実践できる活動として「対話型論証（dialogical argumentation）」[2] をあげたい。対話型論証とは，他者と対話しながら，事実・データをもとに一定の主張を組み立てていく活動である。対話型論証は，あらゆる教科や総合学習で，またあらゆる学校段階で行われるだけでなく，日常生活でも実践されている。教科に根ざしつつ教科の枠を越え，さらには学校と社会をつなぎながら資質・能力を育んでいくうえで，対話型論証はその中核的活動となりうる。

　対話型論証は図2のような対話型論証モデルで描くことができる。図2のモデルの灰色の網掛け部分は，科学哲学者スティーブン・トゥールミン（Toulmin, 2003）が論証のモデルとして提案した「トゥールミン・モデル」をアレンジしたものである。「トゥールミン・モデル」はすでに数多くの教科で取り入れられており，特にモデルの右側の部分は「三角ロジック」と呼ばれ，中学1年の国語の教科書（『現代の国語Ⅰ』三省堂）にも載っているほどである。右側の「三角ロジック」部分が主に対象世界との関係を表わすのに対し，左側の部分（対立意見─反駁─主張）は主に他者との関係を表している。いうまで

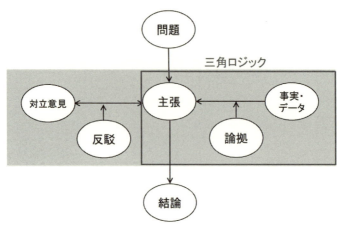

＊出典：松下（2019b, p.3）より抜粋。

図2　対話型論証モデル

もなく，他者との関係は，「対立」だけでない。重要なのは，自分とは異なる多様な意見に耳を傾け，それを考慮しながら自分の主張を組み立てることである。

〈問題〉と〈結論〉は元となる「トゥールミン・モデル」にはなく，牧野（2008）の「論理のしくみ図」「十字モデル」に依拠して新たに加えた部分である。生徒の探究活動で多いのが，問いの掘り下げが弱いまま，ネットで調べてきたことをまとめて発表して終わり，というタイプだ。だが，問題を設定し，それに対して複数の主張を一つながりに関連づけることで一定の結論を導くのでなければ，本当の意味での探究とはいえない。

もっとも，対話型論証は探究に限定されているわけではない。習得・活用と探究の最も大きな違いは，①習得・活用段階では多くの場合〈問題〉を教師が与えるが探究段階では生徒自身が設定するということ，②問題から結論に至るプロセス全体を生徒主体で行うということ，にある。逆にいうと，それを除けば対話型論証は習得・活用段階でも有効である。2017・18年版学習指導要領では，「社会について資料に基づき考える」「観察・実験を通じて科学的に根拠

をもって思考する」「意見と根拠，具体と抽象を押さえて考える」「立場や根拠を明確にして議論する」といった活動を取り入れることが勧められているが，これらはすべて対話型論証の一部である。

(2) 新潟中学校の社会科の授業から

対話型論証の実践を一つ紹介する。新潟大学教育学部附属新潟中学校の山田耀教諭の中2社会科の授業（単元「明治維新」）である（山田, 2019）。

本単元では，大久保利通から「天下随一の県令」と賞賛された第2代新潟県令楠本正隆に光をあて，全体の課題「楠本正隆は新潟で明治維新をどのように進めたのだろうか」が設定されていた。当日の授業は7時間構成の単元の第6時で，これまで学んできたことをふまえて，学級全体で楠本県令の開化政策について検討する活動が行われていた。生徒は前時に，「楠本県令の開化政策をどのように評価するか」について自分の意見をまとめており，それをもとに本時では，①4人グループで話し合う，②論点を学級全体で共有し，楠本の改革の評価を行う，③個人で考えをまとめる，という流れで授業が構想されていた。

グループは考えが異なる生徒で編成されていた。図3のように，「100％支持する」「70％支持する」「40％支持する」「支持しない」の数直線が模造紙に描かれ，支持する割合が高い生徒から順に理由を発表していく。

この活動は，まさに対話型論証の好例である。一般的に論証の活動というとディベートを思い浮かべる人も少なくないと思われるが，授業ではディベートのように肯定側・否定側を二項対立的に本人の意見と関係なく割り当てるのではなく，「70％支持する」「40％支持する」という選択肢も入れて，生徒がより自分の意見に即した選択肢を選べるようになっていた。

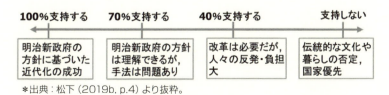

＊出典：松下（2019b, p.4）より抜粋。

図3　中2社会科「明治維新」の授業での生徒たちの意見

18　第Ⅰ部　中等教育の改革と授業実践の課題

　注目すべきは，〈事実・データ〉の質の高さである。生徒たちは，それまで
の授業において楠本の開化政策を，「廃藩置県・地租改正」「学制公布・殖産興
業」「文明開化（人々の生活）」「文明開化（町の様子）」という4つの視点から，
フィールドワークや一次資料の読み込みによって追究し，追究内容をジグソー
法によって共有していた。ただし，学んできた〈事実・データ〉は同じでも，
どの〈事実・データ〉を重視するか，それをどんな〈論拠〉によって解釈する
のか，誰の立場を重視するのかによって，導かれる〈主張〉は異なってくる。
そこには生徒たちそれぞれの価値観の違いが反映している。

　このように，対話型論証を含む授業は，生徒がこれまで身につけてきた「知
識」「スキル」「態度・価値観」を結集させながら課題に取り組むことによって，
コンピテンシーを育てる機会となりうるのである。

（3）ヨコの広がりとタテのつながり

　対話型論証はこれまで，各教科の枠内で，主に三角ロジックに焦点をあてて
議論されてきた（**表2**）。本稿の提案の新しさは，教科を越えた共通性を，対
話型論証モデルという形で示したことにある。本来，生徒はさまざまな学習活
動を通して総体的に成長していく。中学校・高校ではどうしても教科ごとに区
切られがちだが，生徒の資質・能力を育てていこうとすれば，教科等の特質を

表2　各教科におけるトゥールミン・モデルの使われ方

| 要素 | 事実・データ(data) | 論拠(warrant) | 主張(claim) |
	根拠、証拠(evidence)	理由、理由づけ	解釈(読み)、主張
国語	文中の記述	既有の知識や経験など	作品の解釈(多様な解釈が許される)
歴史	史料(文書資料、図像など)から得られるデータ(真偽が問題になる)	歴史的文脈についての背景知識など	史料の解釈(より信頼性の高い解釈が追求される)
理科	観察・実験によって得られるデータ(真偽が問題になる)	科学的な概念や原理など	科学的主張(真理性が追求される)

＊各要素の名称は、上段にトゥールミン(2011)、下段に各教科で使われている
　呼称を挙げた。松下(2017, p. 7, 表2)を修正。

ふまえつつ，その枠を越えて学んでいくことが求められる。教科を越えた共通性と教科による違いを同時に視野に入れて資質・能力を育成しようとするとき，対話型論証モデルは有効なツールになる。さらに，問題から結論に至るプロセス全体を射程に入れることで，習得・活用と探究をつなぐ働きもする。

一方，対話型論証はカリキュラムの「ヨコの広がり」だけでなく，「タテのつながり」も生み出しやすくする。例えば筆者は，大学で1年生を対象とした全学共通科目において，「批判的に読み，議論し，書くことができるようになる」という目標を達成するためのツールとして，対話型論証モデルを使っている。ある小学校では，4年生の児童の「救急車を有料にすべきかどうか」をめぐる対話型論証の展開を目にしたこともある。

このように対話型論証は，小学校から大学まで，さらには社会に出てからも行い続けることが求められる活動である。教科の枠も学校という境界をも越えて，資質・能力を育んでいくための中核的な活動となりうるのである。

❹ 教科外の活動での資質・能力の形成
―「大きな学力」としての資質・能力―

以上では，授業における資質・能力の育成についてみてきた。だが，資質・能力概念が子ども・若者の成長を捉えるうえで意義をもつのは，とりわけ教科外の活動（特別活動，課外活動，学校外の自主活動など）においてである。

愛知サマーセミナーなど愛知県の私学運動を長らく牽引してきた寺内義和の「大きな学力」（寺内, 1996, 2005）は，提唱されて20年以上がたつが，資質・能力論として捉えられるべき豊かな内容を含んでいる。

「大きな学力」を寺内（2005）は次のように説明する。

　一言で言えば，「時代のテーマ」を踏まえて，「生きる」ことにつながる「学力」，つまり，時代が求める人間力です。それは，「自分の世界がどれだけ広がっているか」，「時代，社会，自然，人々とクロスしているか」，「問題解決能力がどれだけあるか」で計られます。今，学校教育で追及している

「学力」と比べてみると，かなり違うことが分かるのです。(p.100)

学校での学びの問題として，「教科ごとに細分化した学びの構造の問題」を挙げていることをみても，「大きな学力」は，学力よりもむしろ，資質・能力に通じる志向性をもつ概念だといえよう。

寺内は，「大きな学力」の形成プロセスについて，「『大きな学力』は，「波風体験・主体的体験」→「関係の光・居場所」→「自立・反転」というプロセスの中で形成される」(p.254) という。「波風体験」は，「波風のたくさん立つ，充たされた瞬間の多い人生を送りますように」というキューブラー＝ロス(Kübler-Ross, E.) の言葉からとられたものであり，寺内によれば，病気・事故・天災のように外から降りかかった「襲ってくる」体験と，自分の希望に向かって「挑戦する」体験とがある (pp.158f)。こうした波風に能動的にかかわり状況を切り開いていこうとするとき“目標”が生まれ，「今まで蓄積してきた“知識，情報や経験，技術”が働いて思考し，イメージがわいて行動に移って」いく (pp.116f)。この行動しながらまた思考するという繰り返しの中で問題を解決する力を伸ばし，他者との関係を広げ深めていく。波風体験から来る絶望を反転させ自立への糧とするには，励ましや支え，触発などの「関係の光」と，心身を休め，栄養を補給し，羽ばたく根拠地となる「居場所」が必要とされる(pp.188-194)。

寺内のいう「波風体験」は，「レジリエンス (resilience)」(＝困難・苦境などからの回復力) に通じるところがあるが，レジリエンスが心理学や資質・能力論においては個人の属性として語られるのに対し(例えば，Fadel et al.(2015)は，「人間性 (character)」の中にレジリエンスを位置づけている)，ここでは，数多くの高校生やそれを支える仲間，保護者，教師などの姿をもとに，その形成プロセスが抽出されている。

本稿で提案した「資質・能力の三重モデル」(図1) は，目標をみつけ，蓄積してきた知識やスキルなどを結集して思考し，他者との関係性の中で行為することを通して，自立と個性化に向かう資質・能力を形成していく，このプロセスとも適合的である。

❺　結び―教育方法学の課題―

　資質・能力は，「生きる力」の提唱以来，教育基本法や学習指導要領などを通じて，日本の初等・中等教育における教育目標として位置づけられてきた。ただし，日常用語や心理学の専門用語としての「資質」が生まれつきの性質や才能を意味するのに対して，教育行政用語としての「資質」は，先天的・後天的両方の意味をもつとされ，独特の意味が付与されている（中教審答申, 2016年12月，注42）。「資質・能力」という用語自体，学校教育以外ではめったに目にすることのない一種のジャーゴンである。また，資質・能力についてのさまざまな提言文書は，望ましい行いや性質に「力（能力）」を付けただけの「○○力（能力）」のリストに終わっていることが多く，その根拠や構造，形成プロセス等はあまり深く議論されることがない。こういったことが災いしているのか，教育方法学における資質・能力に関する研究は，学力研究に比べるとはるかに手薄であった。

　しかし本稿でみたように，今日の教育政策における資質・能力には，教育（方法）学の学力とは対照的な志向性――〈未来から現在〉へのバックキャスティング，教科・学校といった境界を越え崩していく〈境界横断〉――が備わっており，学力研究の延長ではない独自の研究視点が求められる。一方，中等教育の現場では，「大きな学力」論に見られるように，学力の制約を越えて，子ども・若者に養いたい“力”が，保護者や地域との連携の中で創造され，その実践の蓄積の中から現場に根ざした理論が提案されてきてもいる。

　こうしたことをふまえ，教育方法学が教育実践を対象とし教育実践の解明と変革をめざす学問分野であるならば，「資質・能力」をもはや教育行政用語にとどめておくのではなく，教育方法学の論究のメスが入れられるべきであろう。その際には，資質・能力の根拠や構造，形成プロセスが議論される必要がある。

　本稿がその端緒となることを願っている。

＜注＞

1) 3節は松下（2019b）に加除修正を行ったものである。
2) "dialogical argumentation" という用語はほかの論者も使っているが（例えば, Kim & Roth, 2018）, 以下の説明は筆者独自のものである。

＜文献＞

- Dreborg, K. (1996). Essence of backcasting. *Futures, 28* (9), 813-828.
- 国立教育政策研究所編（2016）『資質・能力　理論編』東洋館出版社.
- 牧野由香里（2008）『「議論」のデザイン』ひつじ書房.
- Kim, M., & Roth, W-M. (2018). *Dialogical argumentation and reasoning in elementary science classrooms*. Leiden Netherlands: Brill.
- Fadel, C., Bialik, M., & Trilling, B. (2015). *Four-dimensional education: The competencies learners need to succeed*. Boston, MA: The Center for Curriculum Redesign.
- 松下佳代（2017）「深い学びにおける知識とスキル：教科固有性と汎用性に焦点をあてて」,『教育目標・評価学会紀要』27号, 1-10.
- 松下佳代（2019a）「資質・能力とアクティブ・ラーニングを捉え直す」, グループ・ディダクティカ編『深い学びを紡ぎだす』（pp.3-25）, 勁草書房.
- 松下佳代（2019b）「深い学びを促す対話型論証」, 新潟大学教育学部附属新潟中学校研究会編著『附属新潟中式「主体的・対話的で深い学び」をデザインする「学びの再構成」』（pp.2-5）, 東信堂.
- 中内敏夫（1988）『教育学第一歩』岩波書店.
- OECD. (2016). *Global competency for an inclusive world*. Paris: OECD.
- OECD. (2018). *The future of education and skills: Education 2030*. Paris: OECD.
- 小黒恵（2015）「日本の高校教育における垂直的・水平的多様化の展望：「普通教育と職業教育の相互接近」に着目して」,『東京大学大学院教育学研究科紀要』54巻, 63-71.
- 志水宏吉（1989）「中等教育の社会学：研究動向の整理と展望」,『教育学論集』18号, 1-21.
- 寺内義和（1996）『大きな学力』労働旬報社.
- 寺内義和（2005）『されど波風体験』幻冬舎ルネッサンス.
- Toulmin, S. E. (2003). *The uses of argument* (Updated ed.). Cambridge, UK: Cambridge University Press.（戸田山和久・福澤一吉訳（2011）『議論の技法』東京図書）.
- 山田耀（2019）「社会：明治維新―明治150年の新潟から―（2年）」, 新潟大学教育学部附属新潟中学校研究会編著『附属新潟中式「主体的・対話的で深い学び」をデザインする「学びの再構成」』（pp.34-37）, 東信堂.

2 探究を重視した理科授業を 具体化するために

平安女学院中学校・高等学校 **岩間 徹** 北海道大学 **大野 栄三**

本稿は，日本教育方法学会第54回大会（於：和歌山大学）課題研究Iでの発表をもとにして，❶と❻を大野栄三が，❷から❺を岩間徹が主に執筆した。

❶ 2018年改訂の高等学校学習指導要領と探究する学習

2018年改訂の高等学校学習指導要領では，探究する学習活動が重視されている。「総合的な学習の時間」が「総合的な探究の時間」となり，教科「理数」が新設され，科目「理数探究基礎」「理数探究」が設けられた。教科「理科」でも，科目構成には現行から変更がないものの，科学的に探究する学習活動を充実させる方針がはっきりと示されている。

2018年改訂の学習指導要領は3分岐の構造を持っている。まず，2018年改訂の学習指導要領には，「主体的・対話的で深い学び（いわゆるアクティブ・ラーニング）」「育成すべき資質・能力」「カリキュラム・マネジメント」という3つの土台がある。さらに各土台は，3つの要素から構成されている。「主体的・対話的で深い学び」は3つの視点，「育成すべき資質・能力」は3本の柱，「カリキュラム・マネジメント」は3つの側面から構成されている。「育成すべき資質・能力」を構成する3本の柱は，「知識・技能の習得」「思考力・判断力・表現力の育成」「学びに向かう力・人間性の涵養」である。これら3本の柱に対応して各教科目の3つの目標が設定されている。例えば，「物理基礎」では，「知識・技能の習得」に対応して「日常生活や社会との関連を図りながら，物体の運動とさまざまなエネルギーについて理解するとともに，科学的に探究するために必要な観察，実験などに関する基本的な技能を身に付けるようにす

24　第Ⅰ部　中等教育の改革と授業実践の課題

る」が，「思考力・判断力・表現力の育成」に対応して「観察，実験などを行い，科学的に探究する力を養う」が，「学びに向かう力・人間性の涵養」に対応して，「物体の運動とさまざまなエネルギーに主体的に関わり，科学的に探究しようとする態度を養う」が目標として設定されている。

　「物理基礎」の目標からわかるように，「科学的に探究するため」に観察，実験の技能を身に付け，観察，実験を行い，「科学的に探究する力」を養い，教育内容に主体的にかかわり，「科学的に探究する態度を養う」ことになっている。「物理」と「物理基礎」の内容項目には大きな変更はない。「物理」の内容項目で，「斜方投射」が「放物運動」へ，「はね返り係数」が「衝突と力学エネルギー」へ，「コンデンサー」が「電気容量」へと変わっているぐらいである。しかし，各内容項目の説明では，「に関する実験などを行い」という文言が明記されている。例えば，「物理基礎」の「物体の運動とエネルギー」では，「速度が変化する物体の直線運動に関する実験など」を行い，「物体に一定の力を加え続けたときの運動に関する実験など」を行い，「力学的エネルギーに関する実験など」を行わねばならない。2008・09年改訂の学習指導要領でも科目全体の目標に，「目的意識をもって観察，実験などを行い」とあるが，個々の内容項目の説明には観察，実験を行うよう指示する記述はない。物理の授業では生徒実験がゼロ回という高校が決して少ないわけではないという現状を考えると，高校現場に対して通告したということになろう。

　しかし，観察，実験の回数を増やせば解決するという問題ではない。児童・生徒が予想（仮説）を持って実験の結果を考察し，討論することが重要であることは，板倉聖宣が約半世紀前に提唱したことである。どのような授業展開で観察や実験を行うのかが問題となる。2017年改訂の小・中学校学習指導要領の解説の総則編には，「（前略）授業改善の取組は，既に小・中学校を中心に多くの実践が積み重ねられており，特に義務教育段階はこれまで地道に取り組まれ蓄積されてきた実践を否定し，全く異なる指導方法を導入しなければならないと捉える必要はない」と書かれている。アクティブ・ラーニングという言葉が流布し，学校現場が戸惑ったことへの対応である。しかし，2018年改訂の

高等学校学習指導要領解説の総則には，小・中学校のような注意書きはない。高校の現場によっては「全く異なる指導方法を導入しなければならない」と認識されているのだろう。

　学校教育における探究重視は，ハーバート・スペンサーまで遡れば，100年以上の歴史をもっている。21世紀の高校理科では，どのように探究する学習を展開すべきなのか。古くて新しく，かつ重要な問いである。❷から❺で，理科教育において探究を重視してきたイギリスで展開されている物理教育と，それを日本の高校教育へ取り入れようとする教師の活動について紹介する。

❷　探究実験の方向性を示す*Advancing Physics*

　筆者（岩間）が所属するアドバンシグ物理研究会（以下「AP研」）は，2002年よりイギリスの「21世紀科学」[1] の流れをくむ*Advancing Physics* [2] の教材研究，公開授業に取り組んできた。その後，アメリカで開発されたRealTime Physics（RTP）とInteractive Lecture Demonstrations（ILDs）[3] の教材研究にも着手し，探究的な要素を含んだ公開講座を開催してきた。以下では，*Advancing Physics*に関係した活動の成果を中心に紹介する。

（1）*Advancing Physics*

　*Advancing Physics*は，物理教育の現代化を目指してイギリス物理学会（Institute of Physics）が制作した物理教科書と教材である。2000年から実施されたAレベル（日本の高校2・3学年に相当，1年目がAS，2年目がA2と呼ばれる）を対象としている。*Advancing Physics*の教科書は『アドバンシング物理』の書名で翻訳出版されている[4]。

　これまでのイギリスの物理教育に比べ以下の新しい視点が盛り込まれていた。
・現代社会の中で使われている物理の姿を示し，現代の技術および生活と結びついたトピックの中で物理を学ばせ，内容・コンテキスト・アプローチの現代化を図る。
・教材や活動に情報技術などを積極的に取り入れる（ICTの活用）。

26 第Ⅰ部 中等教育の改革と授業実践の課題

・探究的な実験に取り組ませ，科学にかかわるさまざまな能力を育成する。

・宇宙論，量子力学，素粒子論，物性物理学などの発展の内容を扱う。

・生徒の興味関心，到達度などの多様性へ対応する。

　力学から学習を開始するという物理の伝統的なカリキュラム構成を大きく変え，センシングをテーマにした単元から始まる。授業のスタイルは生徒の活動を中心としており，その活動も，演示実験，生徒実験，ソフトウェアを用いるもの，読み物，さまざまな形式の問題，調査レポートの作成，個人探究実験など多様である。

(2) AP研の活動

　AP研は京都教育大学と和歌山大学教育学部の大学教員，ならびに京都と和歌山の公立・私立の中高教員が協力をして，*Advancing Physics*の教材を検討し，高校の物理教育を改善していくことをねらいとして，2002年に発足した。発足後，科学研究費補助金の助成を受けながら，*Advancing Physics*のテキストや教師用ガイドをはじめ，演示実験，生徒実験を中心としたさまざまなアクティビティから評価の枠組みまでの検討を行なった。さらに夏休みの時期に公開講座を実施し，日本の高校生を対象に教材内容，探究的でオープンエンドな実験がどのように受け入れられ，理解が深められるかを検証してきた。

(3) *Advancing Physics* の内容

①テキストの内容

　*Advancing Physics*で扱われる内容には，現代物理学が応用されている医療技術，情報・通信分野，センサー回路などの話題が豊富に取り入れられている。さらには，物性や量子論に関係した大学レベルの内容にも触れている。内容と配列は**表1**のように整理されておりA4版の大きさのテキストでASが1〜9章，A2が10〜18章となっている。たとえば，ASは週5時間で年間24週の授業時間（120時間）を想定している。

② CD-ROM

　生徒向けCD-ROMが用意され，授業をサポートするさまざまなアクティビティ，演習問題に生徒が取り組むことができるようになっている。実験や探究課題に

2 探究を重視した理科授業を具体化するために　27

表 1　*Advancing Physics* の構成

AS の内容（1 ～ 9 章）

・現場の物理（Physics in action）

コミュニケーション（Communication）

1 章　画像を作る（Imaging）

2 章　感知・計測する（Sensing）

3 章　信号を送る（Signaling）

デザイナー・マテリアル（Designer Materials）

4 章　材料を試験する（Testing Materials）

5 章　材料の内部を見る（Looking inside Materials）

・諸過程を理解する（Understanding Processes）

波と量子的なふるまい（Waves and Quantum Behavior）

6 章　波動的なふるまい（Wave Behavior）

7 章　量子的なふるまい（Quantum Behavior）

空間と時間（Space and Time）

8 章　空間と時間の地図を作る（Mapping Space and Time）

9 章　次の動きを計算する（Computing the Next Move）

A2 の内容（10 ～ 18 章）

・時計仕掛けの宇宙の興隆と衰退（Rise and Fall of The Clockwise Universe）

モデルと規制（Models and Rules）

10 章　モデルを作る（Creating Models）

11 章　宇宙空間に出る（Out in Space）

12 章　宇宙の中のわれわれの位置（Our Place in the Universe）

物質の究極（Matter in Extremes）

13 章　物質：非常にシンプル（Matter: Very Simple）

14 章　物質：非常に熱い，非常に冷たい（Matter: Very Hot and Very Cold）

・場と粒子像（Field and Particle Pictures）

場（Fields）

15 章　電磁的な機械（Electromagnetic Machines）

16 章　電荷と電場（Charge and Field）

物質の基本粒子（Fundamental Particles of Matter）

17 章　物質の究極を探る（Probing Deep into Matter）

18 章　電離放射線とリスク（Ionizing Radiation and Risk）

・物理学の進歩（Advances in Physics）

必要な画像データ，ソフトウェア，評価問題など3000ページ分にもおよぶ内容となっている。教師向けCD-ROMはこれらの内容に教師用ガイドが加えられている。

なお，現在*Advancing Physics*のデジタル教材は3訂版となり，CD-ROMの代わりに，登録者へのネットワークからの配信となっている。

❸　内容検討から公開講座，通常授業での活用へ

AP研では，はじめに「2章　感知・計測する」に注目し，教材の検討，公開講座を行った。この取り組みが，オープンエンドの探究活動につながる展開となっている。以下で具体的に紹介する。

（1）AS 「2章　感知・計測する」について

AS2章はセンサー回路のしくみをさまざまなアクティビティを通じて理解し，実際に回路を作成することで，直流回路の学習を行う内容となっている。電流概念，オームの法則，電位差，抵抗と電気伝導度，センサー，電力など，電気についての基本的な知識を学んだ後，さまざまなセンサーを調べ，よいセンサーの条件を分解能，感度，応答時間などの観点を踏まえ，測定したい対象に合わせたセンサー回路を作ることで，実際に使われているセンサーの理解を深め，電気の知識を確実なものとする展開となっている。

AP研ではCD-ROM にあるアクティビティを検討することで，新しいタイプの計測器の利用，斬新な観点，現代技術に応用され探究活動につながるアクティビティに注目した。以下にその例を挙げる。

①計測器　デジタルマルチメーターによる測定。それまではアナログの電流計，電圧計に比べ，広いレンジでの測定が可能，電流，電圧だけでなく，抵抗値も測定可能になった。

②抵抗による電圧降下を電位分割器として利用し，その原理を用いて，可変抵抗器を燃料計などのセンサーとして使う。

③物性として電気抵抗に加え，電気の通しやすさである電気伝導の観点を加える。抵抗の直列接続は抵抗が加算され，並列接続は伝導度が加算されると考

える。

④ホイートストンブリッジ回路を未知の抵抗を求める回路としてだけでなくセンサーの感度を上げる増幅回路

⑤Cds，フォトダイオード，フォトトランジスタ，サーミスター，圧力センサーの特性（V-I曲線）の測定と，センサーを利用する回路の作成。

⑥内部抵抗を乾電池だけでなく，センサー回路を作る中で理解する。

（2）公開講座での検証

　高校生にとって，このような考え方を取り入れた授業展開が理解を深めるものになるかを検証するために，公開講座を実施した。

　公開講座は夏休みに3日間の日程で行われた。1日目は講義，測定器を使ったオームの法則と電位分割。2日目は金属線，非オーム抵抗，ダイオード，LED，各種センサー素子の特性の測定，3日目はセンサーを活用したセンサー回路の設計と製作発表——という流れであった。公開講座のテーマを明確にし，知識の獲得と測定器，測定方法の熟達，基礎的なセンサー特性の理解をもとに，探究的なオープンエンドの実験に進む流れにしようと考えた（表2）。

　参加者は高校生24名大学生8名計32名で，事後の参加者アンケートには次のような3つの特徴があった。

①実験内容に対する満足度が非常に高く，特に物理未履修者の「データ測定」

表2　公開講座で行った9種類の探究実験

1．暗いと知らせるセンサーシステムを作る。
2．明暗を電子オルゴールで知らせるセンサーシステムを作る。
3．高温になると知らせるセンサーシステムを作る。
4．熱電対を用いて温度計を作る。
5．サーミスタを用いて温度計を作る。
6．フォトトランジスタで透過光の光量の変化を測定する。
7．光の強さの急激な変化を調べる。
8．点光源・線光源からの距離とセンサーが受け取る光量の関係を調べる。
9．光センサーの感度の波長依存性を調べる。

30 第Ⅰ部 中等教育の改革と授業実践の課題

「回路の物理的理解」「起こっている現象の物理モデル」などについての自己
評価が高かった。

②発表形式を組み込んだ展開が，内容の理解を深めることを助けることが自覚
された。

③高校生，大学生に共にセンサーの物理的特性，電位分割などの回路に関する
知識獲得ができたこと対する評価が高かった。

（3）その後の各学校での扱い

公開講座の成果をもとに，センサーを教材とした授業展開を，さまざまな高
校で試みるためにAP研では京都教育大学と和歌山大学に，各種センサーや測
定器，PCなどの貸し出しの体制を作った。当時（1999年改訂）の学習指導要
領では，物理Ⅰ・Ⅱが3単位ずつとなっており，物理Ⅰの電気分野の回路学習
で取り組むことができた。筆者の所属する平安女学院高等学校では，現在でも
一部コースの生徒を対象にセンサープロジェクトを行っており，生徒の満足度
は高い。

❹ *Advancing Physics* のその他の内容

AP研では，2002年度の「2章　感知・計測する」の取り組み方法をほかの内
容にも広げ，2003年度は「8章　空間と時間の地図を作る」「9章　次の動きを
予測する」で動力学について，2004年度は「1章　画像を作る」「3章　信号を
送る」で画像処理や情報処理について，2005年度は「4章　材料を試験する」「5
章　材料の中を見る」で物質科学について公開講座を行った。

（1）「8章　空間と時間の地図を作る」「9章　次の動きを予測する」

物体の運動の記録と運動の法則に基づく加速度の内容で，物理基礎の力学分
野でも扱える内容である。運動の記録は時間とともにどのように位置が変化す
るかという「ステップバイステップ」を意識的に追求し，ニュートン運動の法
則をもとに物体の次の動きを予測することで，その理解を深めるものである。
公開講座では，運動を記録するために，さまざまな物体の運動を撮影し，その

動画ファイルを解析するいくつかのソフトウェア，運動方程式を作りそれをアニメーションにして動きを確認するソフトウェア「モデラス」，赤外線を利用した速度の測定装置などを利用した。

　公開講座後，センシングの時と同様各高校で，これらの教材を取り入れた授業や実験を試み，生徒の実験への興味関心を高めることができた。また，シミュレーションソフト「モデラス」は複数の学校で，特別授業を行いその効果を確かめた。

　一方で，各種分析ソフト，測定機器，それらを制御するPCなど，実験材料となるセンサーなどの導入には経済的な負担が大きく，AP研では科研費を活用し，大学がセンターとなりこれらの機材を貸し出す態勢を作り，各高校での授業をサポートすることができた。

(2) 「1章　画像を作る」「3章　信号を送る」

　「1章　画像を作る」「3章　信号を送る」は光と電磁波の分野に関連する分野であるが，どちらも当時（1999年改訂）の指導要領に新たに取り入れられた教科「情報」の内容にも関連する内容であった。「見えないものを見る」というテーマで，超音波・赤外線・紫外線・X線・電波などから得られる情報の視覚化を行い，「データのデジタル化」「情報の伝達，保存，再現」などを通じて，物理的知識をもとにしながら，サンプリング周波数，情報伝達のしくみなどを学ぶ内容となり，生徒にとっても，かなり興味深い内容となった。

(3) 「4章　材料を試験する」「5章　材料の中を見る」

　「4章　材料を試験する」「5章　材料の中を見る」の「マテリアル」関連の内容は，原子分子レベルから見た物質科学を扱い，日本の物理では相当する内容がないものであったが，物質の特性を，密度，電気伝導度，強度，価格などさまざまな指標で可視化したマテリアルチャートを用いて，さまざまな製品に必要な材料を検討させるなど，探究的活動としてはかなりヒントになるものであった。

❺ Advancing Physics 教材から得られたこと

(1) 探究実験にするためのアイディア

　*Advancing Physics*のアクティビティは、探究実験以外のアクティビティでも探究的要素を組み込んでいるものがたくさんある。画像処理の単元で木星の衛星イオの噴火が発見されたことが扱われており、天文学者が実際に使った手法を取り入れ、生徒自ら発見の追体験ができるようになっている（図1）。そのほか、公開講座ではセンサーの反応時間の違いがテレビのリモコンの信号を読み取る分解能につながることを生徒に発見させ、アルミカップの落下実験から空気抵抗について生徒が洞察できるような授業を行っている。

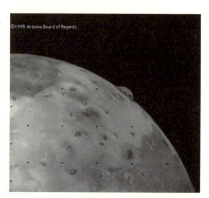

図1　生徒が作成した画像

(2) 動画撮影による運動解析や赤外線を使った測定器の活用

　物体の運動を撮影した映像を分析することや赤外線センサーを利用した測定器を使うことで、物体の運動に干渉せずに物体の位置変化が測定できるようになっている。いずれも簡便な測定が、実験結果がリアルに提示されることで生徒の理解を深めることができる。

(3) 探究実験へ進むための準備

　生徒があるテーマをもって探究に取り組む場合、そのテーマを追求できる知識や実験技術が必要となる。*Advancing Physics*の教材では、「2章　感知・計測する」で紹介したように、必要な知識獲得や計測機器の扱いやセンサーに対する理解を深める単元があり、その後の探究実験へ無理なく進める構成になっている。

(4) オープンエンドであること

　探究実験の目標は決まった実験結果に導くことではない。生徒が自分たちの

実験結果について評価を行い，わかったこと，わからなかったことを自ら認識するメタ認知が必要である。実験グループ内での討論や発表をつうじて自らの認識が問われ，改めて考え直し，深めていくことで，そのようなメタ認知が促進される。

（5）サーカス形式の実験

費用のかさむ新しい測定器具が必要になったり，一度に十分な実験材料を用意できなかったりしたときは，サーカス形式の実験方法が有効であった。例えば1クラスが6グループに分かれる場合であれば，まずは各グループが異なる6つのテーマの実験にそれぞれ取り組む。終了後，今度は各グループが別なテーマの実験を行う。これを6回繰り返すと，各グループは6つのテーマの実験をすべてこなすことができる。

❻ おわりに

2006年と2009年に，初年度大学生を対象にして，高校在学時の物理授業（当時は「物理Ⅰ（3単位）」「物理Ⅱ（3単位）」）でどのような実験を行なってきたのかが調査された[5]。調査人数は2006年10大学の2,547名，2009年23大学の3,787名であった。調査は教科書に取り上げられている実験（実験数42）を提示して，生徒実験で行われたもの，演示実験で行われたものの解答を求めた。結果は物理Ⅰ，Ⅱ（標準6単位）210時間で，42の実験を対象にして，5割を超して実施されていたのは「おんさ」「はく検電器」「ウェーブマシン」「ばね（縦波）」の4つであり，4割を超えるのは9つの実験のみであった。生徒実験数の平均は5.9，教師による演示実験数の平均は7.3であった。

高校では，実際に実験を行いその結果をもとに理解を深めていくという展開の授業はあまり行われていないのが実態である。その理由として考えられるのは実験を取り入れると進度が遅くなる，実験の準備に手間がかかる等である。6年制の一貫教育を行う私学の中には，実験は中学で行い，高校の物理は入試を見据えて講義と問題演習を中心に行うとしているところもある。

2009年改訂の学習指導要領から，物理の科目は「物理基礎（2単位）」，「物理（4単位）」となった。選択必修科目として，「物理基礎」は「物理Ⅰ」に比べて履修者数は増加した。しかし，「物理基礎」の内容は2単位科目にしては多すぎる。「物理基礎」の授業で行われている実験の数は，「物理Ⅰ」のときに実施された上述の調査結果と大差ないであろうし，さらに減っているかもしれない。2018年改訂の学習指導要領になっても，「物理基礎」で取り扱う内容にはほとんど変更はない。したがってこのままでは，よほど大きな外圧でも加わらない限り，多数の生徒実験を行う少数の高校，実験がほとんど行われず講義と問題演習が中心となる高校，そして，年に数回の実験だけはなんとか行う多くの高校，という実態にたいした変化は起きないだろう。

このような状況で，授業の中でどのようにして探究活動を具体的に実施していけるのだろうか。探究活動を行なっていなければ正答できないような大学入試で高校に圧力を加えるというのは，そのような大学入試が本当に実施できるのであれば選択肢のひとつとしてあるだろう。しかし，そうした大学入試が簡単に作成できるとは思えない。やはり教師と高校が主体的に取り組んで実現するのがベストな道であろう。

AP研のように，教師が集まり，大学教員と協力しながら，実験教材の工夫や探究活動を取り入れた授業プランの改善を検討し，その成果を各自の学校で利用していく活動が必要である。こうした活動は，教師が探究する学習を行う主体的な学びの場である。この主体的な学びの場を高校教師にうまく保証できなければ，2018年改訂の高等学校学習指導要領は年に数回の実験をなんとか行う形ばかりの探究でがまんしなければならない。

＜注および文献＞

1)「21世紀科学」は英国のGCSE段階（日本の中学から高校1年に相当）の科学カリキュラムの改革の提言を盛り込んだ以下の報告書の流れで作成された。
Jonathan Osborne and Robin Millar (eds.). Beyond 2000: Science education for the future. 1998. London: King's College London.
義務教育段階の科学の教育目標は科学リテラシーの促進にあるとの考えに基づ

き，ヨーク大学とナフィールド・カリキュラムセンターで作成された理科教育カリキュラムである。教科書 *Science in Society* のシリーズが，ナフィールド・カリキュラムセンターより出版されている。

2) 以下は *Advancing physics* の入手可能な教科書の新版である。

Jon Ogborn and Rick Marshall（eds.）. *Advancing physics A2*. 2008. Bristol: Institute of Physics Publishing.

Jon Ogborn and Rick Marshall（eds.）. *Advancing physics AS*. 2010. Oxford; New York: Oxford University Press.

3) RTP と ILDs は，アメリカのオレゴン大学の David. R. Sokoloff らによって開発された大学初年時を対象とした物理教育プログラムであり，ICT 機器を活用し，実験中心の授業方法になっている。認知科学の研究成果や物理教育の実態調査のデータを利用して，効果的に物理概念を構築することをねらいとしている。

David R. Sokoloff, Ronald K. Thornton. Interactive lecture demonstrations: active learning in introductory physics. 2004. Hoboken, NJ: Wiley.

Sokoloff, David R., Laws, Priscilla W., and Thornton, Ronald K. RealTime physics: active learning laboratories, module 1 to 4. 2012. Hoboken, N.J.: John Wiley & Sons.

4) J. オグボーン・M. ホワイトハウス編（2004）『アドバンシング物理：新しい物理入門』笠耐・西川恭治・覧具博義監訳，シュプリンガー・フェアラーク東京.

5) 山崎敏昭・井上賢・谷口和成・内村浩（2007）「高校物理実験の実態：2006 年大学新入生からの分析」，『物理教育』55（1），pp.33-38，日本物理教育学会.

山崎敏昭・井上賢・谷口和成・内村浩（2011）「高校物理実験の実態 II：2009 年大学新入生調査の分析」，『物理教育』59（2），pp.101-107.

3 主権者の育成と中等教育実践の課題
―社会科・公民科の授業づくりを事例にして―

熊本大学　**藤瀬　泰司**

❶ はじめに―副教材を使った主権者教育の意義と課題―

　2015年6月に選挙権年齢が18歳以上に引き下げられたことを契機として，主権者教育が注目されている。主権者教育とは，「国や社会の問題を自分の問題として捉え，自ら考え，自ら判断し，行動していく」（常時啓発事業のあり方等研究会, 2011, p.5）国民・市民の育成を図る教育活動のことである。この教育活動は，主に全国各地の選挙管理委員会や明るい選挙推進協議会が行う模擬選挙や出前授業によって進められてきた（18歳選挙権研究会, 2015, pp.59-70）。2015年9月には，「私たちが拓く日本の未来―有権者として求められる力を身に付けるために―」（総務省・文部科学省, 2015a）という副教材が作成・公表され，主権者教育を学校教育の一環として行う環境が整備された。

　文部科学省が2016年に行った調査（文部科学省, 2016）によると，高等学校における主権者教育は特別活動や公民科，総合的な学習の時間を中心に行われている。これらの領域・教科では，上記教材を使用して「公職選挙法や選挙の具体的な仕組み」を理解させたり，「現実の政治的事象についての話し合い活動」や「模擬選挙等の実践的な学習活動」を組織したりする授業が作られ実践されている。高等学校における主権者教育を進めるうえで「私たちが拓く日本の未来」という副教材が大きな役割を果たしていることがわかる調査結果となっている。「民主的な国家及び社会の形成者」である主権者の育成という我が国の教育の目的から見た場合，副教材を使った主権者教育の意義と課題は，次のように整理できるのではないだろうか。

　副教材を使った主権者教育の意義は，公民科だけでなく総合的な学習の時間

や特別活動等でもできる主権者の育成方法を明らかにしたことである。「現実の政治的事象についての話し合い活動」や「模擬選挙等の実践的な学習活動」は，横断的・総合的な学習や探究的な学習としての性格を備えているため総合的な学習の時間でも組織できる。また，「公職選挙法や選挙の具体的な仕組み」の理解を踏まえ，満18歳以上の高校生が関与できる選挙運動について周知しよりよい学校生活を送らせることは，ホームルーム担任の重要な役割であろう。さらに，「模擬選挙等の実践的な学習活動」で活用する「話合い，討論の手法」（総務省・文部科学省，2015b，pp.23-34）は，あらゆる教科・領域で取り入れることができる学習方法である。副教材を使った主権者教育は，一教科だけでなく全教科・全領域で進める主権者育成のあり方を具体的に示した点で評価できる（桑原，2017，pp.12-19；藤井，2016，pp.33-40）。

　それに対して課題は，副教材で習得した話合いや討論の手法を活用させる模擬選挙や模擬議会を組織することはできるが，社会科・公民科で習得した知識・技能を活用させる模擬選挙や模擬議会を組織することは難しい点である。「模擬選挙等の実践的な学習活動」は本来，社会科・公民科，場合によってはその他の教科・科目等の知識・技能を必要とする学習活動である（総務省・文部科学省，2015b，p.20）。しかしながら，現行の社会科・公民科では，「知識を暗記するような教育」（総務省・文部科学省，2015b，p.7）を行っていることが多いため，受験や試験の解答に役立つ知識・技能を習得させることはできても，社会問題の議論・論争に必要な知識・技能を習得させることは難しい。その結果，社会科・公民科の知識・技能を活用させる模擬選挙や模擬議会を組織できず，副教材で習得した話合いや討論の手法を活用させる模擬選挙や模擬議会しか組織できない。主権者をよりよく育成しようとすれば，社会問題の議論・論争に必要な知識・技能を習得させる社会科・公民科の授業を開発することによって，模擬選挙や模擬議会で活用可能な知識・技能の習得を図る中等公民学習の具体像を明らかにすることが必要なわけである（桑原，2017，pp.32-33；橋本，2016，pp.12-13）。

　それでは，模擬選挙や模擬議会で活用可能な知識・技能をよりよく習得させ

38　第Ⅰ部　中等教育の改革と授業実践の課題

るためには，どのような中等公民学習の授業を開発すればよいのだろうか。本
研究では，この問いに答えるために，租税・財政問題を教材にした社会科・公
民科の授業を開発したい。消費税増税や財政健全化など租税・財政問題が選挙
の争点になり議論されることは少なくない。そのため，租税・財政問題を教材
化すれば，租税・財政問題の議論・論争に必要な知識・技能を習得させること
ができるため，これらの知識・技能を活用させる模擬選挙や模擬議会をよりよ
く組織できるのではないだろうか。

　以上のような問題意識のもと，本研究では，租税・財政問題の教材化を手が
かりにすることによって，模擬選挙や模擬議会で活用可能な知識・技能の習得
を図る中等公民学習の具体像を明らかにすることを目的とする。

❷　中等公民学習の授業改革の方向性―租税・財政学習の場合―

　現行の社会科・公民科では，中学校で「国民の生活と政府の役割」（文部科
学省，2008，pp.106-108），高等学校の「現代社会」や「政治・経済」で「政
府の役割と租税・財政」（文部科学省，2010，pp.16-17），「財政の仕組みと働
き及び租税の意義と役割」（文部科学省，2010，pp.50-51）を学習させ，我が
国の政府が国民生活の向上や福祉の充実に必要な役割を果たしているとともに，
その財源を確保するためには国民が納税の義務を果たすことが大切であること
を理解させるようになっている。しかしながら，このような租税・財政学習で
は，納税者は育成できても主権者を育成することは難しいのではないだろうか。
なぜなら，我が国の財政が引き起こす社会問題を取り上げ学習させないからで
ある。その結果，より民主的な社会を実現する財政のあり方について検討させ
ることができず，我が国の財政の現実を無批判に受容させる知識・技能しか習
得させることができない。主権者を育成しようとすれば，我が国の財政が引き
起こす社会問題を学習させることによって，民主的な社会形成を阻む我が国の
財政の現実を批判的に吟味させる知識・技能の習得を図ることが必要なわけで
ある。

こうした現行の租税・財政学習の問題点を克服するために，国債の累積問題を教材にする国債問題学習の授業開発研究が行われてきた。例えば，社会的ジレンマとしての財政危機学習（竹中，1997）や少子高齢化に配慮した財政再建学習（田中，2018）の授業開発研究が典型的である。社会的ジレンマとしての財政危機学習では，少ない負担で大きな受益を求める家計・企業の行動に政府が応えた結果として財政赤字を学習させ，家計・企業・政府の利己的行動を抑制する解決策を検討させる中学校公民的分野の授業モデルが開発されている。少子高齢化に配慮した財政再建学習では，少子高齢化に伴う社会保障費の増加が国債の累積に影響していることを学習させ，その社会変化に配慮した財政健全化計画を歳出・歳入の両面で検討させる高等学校公民科の授業モデルが開発されている。従来の国債問題学習は，国債の累積問題を我が国の社会が引き起こす財政問題として学習させることによって，健全な財政運営を可能にする社会のあり方について検討させることができるため，国債の累積を増幅する我が国の社会の現実を無批判に受容させるのではなく，その現実を批判的に吟味させる知識・技能の習得を図ることができる点で評価できる。

しかしながら，従来の国債問題学習は，国債の累積問題を我が国の社会が引き起こす財政問題として学習させることはあっても，我が国の財政が引き起こす社会問題として学習させることがない点で課題があるのではないだろうか。なぜなら，国債の累積問題を我が国の財政が引き起こす社会問題として学習させない限り，民主的な社会形成に寄与する財政のあり方について検討させることはできないからである。その結果，健全な財政運営を可能にする社会のあり方について検討させることしかできず，主権者ではなく財務担当者を育成してしまう。主権者を育成しようとすれば，国債の累積問題を我が国の財政が引き起こす社会問題として学習させることによって，民主的な社会形成を阻む我が国の財政の現実を批判的に吟味させる知識・技能の習得を図ることが必要なわけである。

それでは，どのようにすれば国債の累積問題を我が国の財政が引き起こす社会問題として学習させることができるのだろうか。本研究では，租税抵抗とい

40 第Ⅰ部 中等教育の改革と授業実践の課題

う財政学の分野で注目されている社会問題に注目したい。租税抵抗とは，我が国財政の規模が小さい結果，租税負担による受益が少なく中間層の痛税感が高まってしまうとともに，その高まりと相俟って政府と他者に対する不信感の強い社会が形成されてしまう，という我が国の財政が引き起こす社会の危機である（井手，2013，pp.4-18；佐藤・古市，2014，pp.178-182）。そのため，この危機を象徴する出来事として国債の累積問題を学習させる授業を開発すれば，政府と他者を信頼する社会の形成に寄与する財政のあり方について検討させることができるため，民主的な社会形成を阻む我が国の財政の現実を批判的に吟味させる知識・技能の習得をよりよく図ることができるのではないだろうか。3では，以上のような授業改革の方向性に基づいて作成した単元「国債問題について考える」の授業計画について詳しく報告していくことにしよう。

❸ 主権者を育てる中等公民学習の授業開発
―単元「国債問題について考える」―

単元「国債問題について考える」の授業計画は，**資料1**の通りである。本単元の目的は，国債の累積問題を我が国の社会が引き起こす財政問題ではなく，我が国の財政が引き起こす社会問題として学習させることによって，民主的な社会形成を阻む我が国の財政の現実を批判的に吟味させる知識・技能の習得をよりよく図ることである。本単元は2時間構成である。

第1時「国債問題の原因を考える」の導入では，「1990年代以降，我が国の国債発行額が大きく増えているのはなぜだろうか」という学習課題を設定して，その答えを予想させる。生徒の多くは，社会科・公民科で学習したことをもとに「少子高齢化に伴い税収が減り政府の支出が増えているからではないか」と予想したり（坂上ほか，2015，p.152；間宮ほか，2016，p.146），新聞やテレビで見聞きしたことをもとに「政府の無駄な支出が多いからではないか」と予想したり（田内・力丸，2016，p.38）するのではないだろうか。

展開1では，少子高齢化や政府債務の程度，公務員の数や政府支出の規模を

3　主権者の育成と中等教育実践の課題　　41

資料1　単元「国債問題について考える」の授業計画（2時間）

1．単元の位置づけ

　中学校社会科の「国民の生活と政府の役割」や高等学校公民科の「政府の役割と財政・租税（「現代社会」）」「財政の仕組みと働き及び租税の意義と役割（「政治・経済」）」

2．単元の学習目標

(1) 1990年代以降国債発行額が大きく増えた背景には，我が財政の規模が小さい結果，租税負担による受益が少なく中間層の痛税感が高まってしまうとともに政府と他者に対する不信感の強い社会が形成されてしまうため，増税が難しく税収不足に陥るという事態が生じていることを説明できる。【知識】

(2) 政府と他者を信頼する社会を形成するためには，租税の公平性に配慮しつつ個人所得課税・消費課税・資産課税などの負担率を高め，育児・保育や介護のサービスを充実させることによって，中間層の人々を受益者にする財政改革が必要であることを説明できる。【知識】

(3) 我が国財政の現状を国際的に比較したグラフなどを分析して我が国財政による社会的危機を把握しその対策を検討したり，消費税増税に関する記事を読み意見形成に必要な情報を引き出したりできる。【技能】

3．単元の授業過程

第1時「国債問題の原因を考える」

過程	教師の主な発問・指示	教授・学習過程	資料	予想される生徒の反応および習得させたい知識
導入	・国債とは何だろうか。	T：発問する S：答える	①	・国が財政赤字を補うために発行する公債（借金の証書）。
	・国債発行額は，どのように変化しているだろうか。	T：発問する S：答える		・1990年代以降，国債発行額が急速に増加している。
	○1990年代以降，我が国の国債発行額が大きく増えているのはなぜだろうか。	T：発問する S：予想する		・少子高齢化で税収が減り政府の支出が増えたからではないか。政府の無駄遣いが多いからではないか。
展開1	・日本の高齢化率や合計特殊出生率は，世界的にみてどのくらいだろうか。	T：発問する S：答える	②③	・日本の高齢化率は26.6％，ドイツ21.1％，スウェーデン19.6％，フランス18.9％など。日本の合計特殊出生率は1.44，ドイツ1.59，スウェーデン1.85％，フランス1.92など。
	・日本の債務・借金は世界的にみてどのくらいだろうか。	T：発問する S：答える	④	・政府債務の対GDP比は約200％（2010年）。ドイツ約80％，スウェーデン約50％，フランス約100％など。
	・先進諸国で日本の借金だけが大きく増えているのはなぜか。	T：発問する S：予想する		・政府の無駄な支出がほかの先進諸国に比べて多いからではないだろうか。
	・日本の公務員の人数は，世界的にみてどのくらいだろうか。	T：発問する S：答える	⑤	・労働力人口に占める公務員の割合は約7％。OECD諸国の平均は約20％
	・政府の支出は，世界的にみてどのくらいだろうか。	T：発問する S：答える		・GDPに占める政府支出の割合は約40％。OECD諸国の平均が約40％。
	・少子高齢化や政府の無駄な支出の結果，日本の借金が増えていると言えるだろうか。	T：発問する S：答える		・少子高齢化は先進国共通の課題であり政府の支出も世界的にみて少ないため，これらだけが日本の借金を増やしている理由ではない。

	・それでは，なぜ日本の借金は増えているのだろうか。	T：発問する S：予想する T：説明する	⑥	・税収が大きく減少しているからか。減税の財源確保のための増税という奇妙な政策が繰り返され，2012年の消費税増税法案まで30年以上も基幹税の純増税がなかったから。
展開2	・我が国で増税が難しい理由を考えよう。配付資料の「税・社会保険料負担率」「国民負担率」「実質負担率」とは何だろうか。	T：発問する S：答える T：説明する	⑦	・「税・社会保険料負担率」とは国民所得に対する税及び社会保険料の比率。一般には国民負担率と言う。「国民負担率」とは税・社会保険料に財政赤字の負担分を加えた比率。一般には潜在的な国民負担率という。「実質負担率」とは国民負担率から受益率（教育費・医療費・社会的保護の対GDP比）を相殺した負担率。実質負担率は北欧も日本もほぼ同じ。
	・資料に基づくと，痛税感をもつ人々が多い国はどこか。	T：発問する S：予想する		・税・社会保険料負担率が高い北欧諸国ではないか。受益率が低い日本ではないだろうか。
	・新しく配付した資料の「中間層」「痛税感」とは何だろうか。	T：説明する S：説明を聞く	⑧	・中間層とは世帯年収300～800万円くらいの人々。痛税感とは重税感・税金への抵抗感。
	・痛税感をもつ中間層の割合が多いのは北欧諸国か日本か。	T：発問する S：答える		・日本。中間層の60％以上が痛税感をもっている。それに対して北欧諸国では60％未満。
	・実質負担率は同じなのに，痛税感をもつ中間層が北欧よりも日本に多いのはなぜだろうか。	T：発問する S：答える		・租税負担による受益が北欧諸国に比べて少ないから。負担が大きくても受益が大きければ，痛税感は高まらない可能性がある。
	・財政規模の大きい北欧諸国では，中間層の痛税感が低いと同時に政府や他者への信頼度が高い。これはなぜだろうか。	T：発問する S：答える T：説明する	⑨⑩	・財政規模が大きいことによって，中間層の人々を税金の負担者にするだけでなく受益者にもできるため，政府や他者に対する信頼感を高めることができるから。
	・財政規模の小さい我が国では，中間層の痛税感が高いと同時に政府や他者への信頼度が低い。これはなぜだろうか。	T：発問する S：答える T：説明する	⑨⑩	・財政規模が小さいことによって，中間層の人々を税金の負担者にはできるが受益者にはできないため，政府や他者に対する不信感を高めてしまうから。
	・我が国ではなぜ増税が難しいのだろうか。	T：発問する S：答える		・財政規模が小さいことによって，中間層の痛税感が高くなるとともに政府と他者に対する不信感の強い社会が形成されるから。
終結	・1990年代以降，我が国の国債発行額が大きく増えているのはなぜだろうか。	T：発問する S：答える	①	○我が国財政の規模が小さいことによって中間層の痛税感が高まるとともに政府と他者に対する不信感の強い社会が形成されてしまう結果，増税できず税収が不足するから。
	・我が国の国債発行額を減らすためには，どうすればよいか。	T：発問する S：答える		・中間層を受益者にして政府と他者を信頼する社会を形成する財政改革が必要である。

3　主権者の育成と中等教育実践の課題　　43

第 2 時「国債問題の対策を考える」

過程	教師の主な発問・指示	教授・学習過程	資料	予想される生徒の反応 および習得させたい知識
導入	・前時で学習したことを振り返ろう。 ○政府と他者を信頼する社会を形成するためには，どのような財政改革が必要だろうか。	T：指示する S：ノートをみる T：発問する S：予想する	①	・第 1 時「終結」参照。 ・幼児教育を無償化すれば中間層を受益者にして政府と他者を信頼する社会を形成できるのではないか。
展開1	・GDP に占める日本の社会支出の割合は，どのくらいだろうか。 ・社会支出に関わる日本と他国の共通点は何だろうか。 ・社会支出に関わる日本と他国の相違点は何だろうか。 ・高齢化率を考慮に入れると日本の社会支出は多いだろうか。 ・政府と他者を信頼する社会を形成するためには，どのような支出を増やせばよいだろうか。 ・育児・保育や介護のサービスを充実させると，なぜ信頼社会を形成できるのだろうか。	T：発問する S：答える T：発問する S：答える T：発問する S：答える T：発問する S：答える T：発問する S：答える T：発問する S：答える	⑪	・日本の社会支出の割合は18％で比較的小さい。アメリカ15％，イギリス20％，ドイツ25％，フランス・スウェーデン28％。 ・共通点は，年金である「老齢現金」と医療保険である「保健医療」が大きな割合を占めていることである。 ・相違点は，ヨーロッパ諸国に比べて，介護サービスを含む「高齢者現物」と育児・保育サービスである「家族現物」が少ないこと。 ・比較的少ない。ヨーロッパ諸国の社会支出を上回ってもおかしくない。 ・育児・保育，介護といった誰もが必要とするサービスに関わる支出を増やす必要があるのではないだろうか。 ・これらのサービスを充実させれば，中間層を受益者にできる可能性が高まるため，政府と他者への信頼感も高まると考えられるから。
展開2	・国民負担率の内訳はどのようになっているだろうか。 ・政府と他者を信頼する社会を形成するためには，どの負担率を高めるべきだろうか。 ・日本の租税負担率は，他の先進諸国と比べてどのようになっているだろうか。 ・各国の税収はどんな種類の課税で構成されているだろうか。 ・他の先進諸国と比べて負担率の割合が高い課税種類はどれだろうか。	T：発問する S：答える T：発問する S：答える T：発問する S：答える T：発問する S：答える T：発問する S：答える	⑫	・国民負担率は，社会保障負担（社会保険料など）率と租税負担率から構成されている。 ・社会保障負担率ではなく租税負担率を高めるべきである。なぜなら，社会保険料などは税金ではないため，育児・保育などのサービスを充実させる財源に使用できないから。 ・日本の負担率は25.4％でアメリカ25.0％に次いで低い。イギリス36.1％，ドイツ31.1％，フランス40.5％，スウェーデン51.8％。 ・「個人所得課税」「法人所得課税」「消費課税」「資産課税など」の4つで構成されている。 ・法人所得課税。法人所得課税の割合は6％程度。ドイツ・アメリカ・フランス・イギリス・スウェーデンは1.7 ～ 3.5％程度。

	・他の先進諸国と比べて負担率の割合が低い課税種類はどれだろうか。	T：発問する S：答える		・個人所得課税・消費課税・資産課税などの3つ。個人所得課税の割合は8％程度で他国は12～19％。消費課税の割合は9％程度で米国を除く他国は14～19％。資産課税などの割合は3.5％で独国を除く他国は3.8～7.8％。
	・租税の公平性を視点にすると、これら4種類の課税にはどのような特徴があるだろうか。	T：発問する S：答える		・個人所得課税の所得税や資産課税の相続税は垂直的公平性に優れている。また、個人商事課税の消費税や法人所得税の法人税は水平的公平性に優れている。
	・育児・保育や介護のサービス充実を図る財源は、どのようにして確保すればよいだろうか。	T：発問する S：答える		・租税の公平性に配慮しつつ個人所得課税・消費課税・資産課税などの割合を高めることによって財源を確保する必要がある。
終結	・政府と他者を信頼する社会を形成するためには、どのような財政改革が必要だろうか。	T：発問する S：答える	⑬	○租税の公平性に配慮しつつ個人所得課税・消費課税・資産課税などの割合を高め、育児・保育や介護のサービスを充実させることによって、中間層の人々を受益者にする財政改革が必要である。
	・2019年10月に消費税が2％増税される予定。その使い道を確認しよう。	T：指示する S：記事を読む		・2％の増収分5.6兆円は、5割（2.8兆円）が財政赤字の補填、3割（1.7兆円）が幼児教育の無償化など少子化対策、2割（1.1兆円）が低所得の高齢者支援などに使われる計画。
	・消費税の増税及びその使い道について、あなたはどのように考えますか。それはなぜですか。	T：発問する S：話し合う		・（例）「賛成。財政赤字の補填だけでなく育児などの人間の基本的必要を満たすサービスの充実を図ろうとしているから」「反対。消費税の税率の引き上げ幅を小さくして所得税や資産税も引き上げるべきだと考えるから」

4．単元の授業資料

①グラフ「日本の財政の変化」（坂上ほか、2015、p.149）、②グラフ「世界の高齢化率の推移」（内閣府、2018a、p.5）、③グラフ「諸外国の合計特殊出生率の動き」（内閣府、2018b、p.7）、④グラフ「政府債務の対GDP比」（パーク・井手、2016、p.3）、⑤グラフ「公務員の割合と歳出の割合」（井手、2017、p.10）、⑥文章「増税ができない政府」（井手、2013、p.4-5）、⑦グラフ「日本と北欧における純公的負担率」（井手、2013、p.8）、⑧グラフ「先進国における中間層の痛税感」（井手、2017、p.22）、⑨グラフ「政府への信頼度の国際比較」（井手、2013、p.10）、⑩グラフ「社会的信頼度の国際比較」（井手、2013、p.14）、⑪グラフ「政策分野別社会支出の対GDP比の国際比較」（神野、2010、p.82）、⑫グラフ「国民負担率の内訳の国際比較」（吉沢、2018、p.293）、⑬記事「消費税増収分の使い道」（時事通信社、2019）

先進諸国間で比較したグラフを提示し，日本の少子高齢化や政府債務の程度，公務員の数や政府支出の規模は「世界的に見てどのくらいだろうか」「少子高齢化や政府の無駄な支出の結果，日本の借金が増えているといえるだろうか」「それでは，なぜ日本の借金は増えているのだろうか」などの問いの答えを考えさせることによって，国債の累積問題は少子高齢化や政府の無駄な支出だけでなく，純増税の長期凍結によって引き起こされていること（井手，2013，pp.3-5）を把握させる。

　展開2では，増税を難しくしている我が国の財政のあり方について考えさせる。まず，日本と北欧の公的負担率を比較したグラフに基づいて「痛税感をもつ人々が多い国はどこだろうか」という問いの答えを予想させたうえで，中間層の痛税感の度合いを国際的に比較したグラフを示してその答えを確認し「実質負担率は同じなのに，痛税感をもつ中間層が北欧諸国よりも日本の方に多いのはなぜだろうか」という問いの答えを考えさせる。次に，政府への信頼度や社会的信頼度を国際的に比較したグラフを提示して「財政規模の大きい北欧諸国では，中間層の痛税感が低いと同時に政府や他者への信頼度が高い。これはなぜだろうか」「財政規模の小さい我が国では，中間層の痛税感が高いと同時に政府や他者への信頼度が低い。これはなぜだろうか」「我が国ではなぜ増税が難しいのだろうか」という問いの答えを考えさせる。これらの問いの答えを考えさせることによって，財政規模の小さい我が国では租税負担による受益が少なく中間層の痛税感が高まるとともに政府と他者に対する不信感の強い社会が形成され，増税が難しくなってしまうことを把握させる。終結では，本時の学習課題を再提示し，我が国の財政規模が小さいことによって中間層の痛税感が高まり政府と他者に対する不信感の強い社会が形成されてしまう結果，増税できず税収不足に陥り国債が累積していることを確認する。

　第2時「国債問題の対策を考える」の導入では，前時の復習を行った後，「政府と他者を信頼する社会を形成するためには，どのような財政改革が必要だろうか」という学習課題を提示する。展開1では，GDPに占める社会支出の割合を国際的に比較したグラフを提示し，「日本と他国の共通点と相違点は何だろ

うか」「高齢化率を考慮に入れると日本の社会支出は多いだろうか」「政府と他者を信頼する社会を形成するためには，どのような支出を増やせばよいだろうか」「育児・保育や介護のサービスを充実させると，なぜ信頼社会を形成できるのだろうか」などの問いの答えを考えさせる。これらの問いの答えを考えさせることによって，政府と他者を信頼する社会を形成するためには，年金や疾病保険だけでなく，育児・保育や介護のサービスを充実させ中間層の人々を受益者にする歳出改革が必要であること（井手，2013，pp.18-20；佐藤・古市，2014，pp.159-173）を把握させる。

　展開2では，国民負担率の内訳を国際的に比較したグラフを提示し，政府と他者を信頼する社会を形成するためには，育児・保育などのサービスを充実させる財源として使用できない社会保障負担ではなく，それが可能な租税負担の比率を高める必要があることを把握させたうえで，他の先進諸国と比べて「負担率の割合が高い課税種類はどれだろうか」「負担率の割合が低い課税種類はどれだろうか」「租税の公平性を視点にすると，これら4種類の課税にはどのような特徴があるだろうか」「育児・保育や介護のサービス充実を図る財源は，どのようにして確保すればよいだろうか」などの問いの答えを考えさせる。これらの問いの答えを考えさせることによって，他国に比べて負担率が低い個人所得課税・消費課税・資産課税などの割合を高め，租税の公平性に配慮しつつ歳出改革のための財源を確保する必要があること（井手，2018，pp.123-132；神野，2013，pp.240-248）を把握させる。

　終結では，本時の学習課題を再提示し，政府と他者を信頼する社会を形成するためには，租税の公平性に配慮しつつ個人所得課税・消費課税・資産課税などの割合を高め，育児・保育や介護のサービスを充実させることによって，中間層の人々を受益者にする財政改革が必要であることを確認する。最後に，2019年10月に予定されている消費税増税及びその増収分の使い道について自分の考えを作らせ話し合わせることによって，本単元の学習成果の活用を図る。

　以上のように，単元「国債問題について考える」は，第1時で我が国の財政によって中間層の痛税感が高まり政府と他者を信頼しない社会が形成されてし

まう結果，国債の累積問題が生じていることを学習させ，第2時でその累積問題を解決するためには中間層の人々を受益者にして政府と他者を信頼する社会を形成する財政改革が必要であることを学習させる，という授業構成になっている。この計画に基づいて授業を実施すれば，不信感の強い社会の現実を信頼感の厚い社会に作り変える財政のあり方についてよりよく検討させることができると考える。そのため，単元「国債問題について考える」は，民主的な社会形成を阻む我が国の財政の現実を批判的に吟味させる知識・技能の習得を図る中等公民学習である，と評価できるのではないだろうか。

❹ おわりに─主権者として議論するために必要な知識・技能の習得─

　本研究では，模擬選挙や模擬議会で活用可能な知識・技能をよりよく習得させるためには，どのような中等公民学習の授業を開発すればよいだろうかという問いに答えるために，租税抵抗の問題を手がかりに国債の累積問題を我が国の財政が引き起こす社会問題として学習させる単元「国債問題について考える」という授業を開発した。研究の意義と課題は以下のとおりである。

　研究の意義は，生徒が模擬選挙や模擬議会で主権者として議論するために必要な知識・技能の習得を図る方法を具体的に示したことである。現行の社会科・公民科は，我が国の財政が引き起こす社会問題を取り上げないため，民主的な社会形成に寄与する財政のあり方について検討させることができず，主権者として議論するために必要な知識・技能の習得を図ることができなかった。また，従来の国債問題学習は，国債の累積問題を我が国の社会が引き起こす財政問題として学習させ，不健全な財政運営を健全な財政運営に転換する社会のあり方について検討させることはできるが，その結果，財務担当者として議論するために必要な知識・技能の習得しか図ることができなかった。それに対して，本研究では，国債の累積問題を我が国の財政が引き起こす社会問題として学習させ，不信感の強い社会を信頼感の厚い社会に作り変える財政のあり方について検討させる授業を開発することによって，主権者として議論するために

必要な知識・技能の習得を図ることができることを明らかにした。

　研究の課題は，本研究で開発した単元の有効性を実際に確かめることである。本単元の実験授業を中学校や高等学校で実施するとともに，その実施前後にプレ・ポストテストを行って，生徒が国債の累積問題を我が国の財政が引き起こす社会問題として把握できるようになるかどうかを測定する必要がある。また，主権者教育の一環としての本単元の有効性をよりよく検討しようとすれば，生徒が模擬選挙や模擬議会で本単元の学習成果を活用してどのように議論しているか記録し分析することも必要になると考える。

　主権者を育成することは，社会科・公民科だけでなく学校教育全体の使命である。そのため，この使命をよりよく果たそうとすれば，社会科・公民科の授業の現状を変革するだけでは不十分である。主権者教育が注目されている今こそ，学校教育の使命に照らして各教科・各領域の役割を点検し授業改革に取り組むことが中等教育に求められているのではないだろうか。

＜参考文献＞
・井手英策（2013）『日本財政』岩波書店．
・井手英策（2017）『財政から読みとく日本社会』岩波書店．
・井手英策（2018）『幸福の増税論』岩波書店．
・桑原敏典編著（2017）『高校生のための主権者教育実践ハンドブック』明治図書．
・坂上康俊ほか（2015）『新編新しい社会公民』東京書籍．
・佐藤滋・古市将人（2014）『租税抵抗の財政学』岩波書店．
・時事通信社（2018）「消費税増収分の使い道」時事ドットコム〈https://www.jiji.com/jc/graphics?p=ve_pol_zeisei20181015j-02-w370〉閲覧日：2019 年 3 月 17 日．
・18 歳選挙権研究会監修（2015）『18 歳選挙権の手引き』国政情報センター．
・常時啓発事業のあり方等研究会（2011）「『常時啓発事業のあり方等研究会』最終報告書」総務省〈http://www.soumu.go.jp/main_content/000141752.pdf#search=%27 常時啓発事業のあり方等研究会 %27〉閲覧日：2019 年 3 月 17 日．
・神野直彦（2010）『「分かち合い」の経済学』岩波書店．
・神野直彦（2013）『税金 常識のウソ』文藝春秋．
・総務省・文部科学省（2015a）「私たちが拓く日本の未来」．
・総務省・文部科学省（2015b）「私たちが拓く日本の未来【活用のための指導資料】」．
・田内康介・力丸祥子（2016）「国の無駄遣い 1.2 兆円 15 年度，過去二番目の多さ」，『朝日新聞』2016 年 11 月 8 日付，38 面．

- 竹中亮造（1997）「社会的ジレンマの社会科への応用とその授業事例：日本の財政危機を題材にして」，『社会系教科教育学研究』9，pp.47-54，社会系教科教育学研究．
- 田中一裕（2018）「日本の財政問題を事例とした意思決定型学習」，『社会科教育』55（5），pp.90-93，明治図書．
- 内閣府（2018a）「平成30年版高齢社会白書」内閣府〈https://www8.cao.go.jp/kourei/whitepaper/w-2018/gaiyou/pdf/1s1s.pdf〉閲覧日：2019年3月18日．
- 内閣府（2018b）「平成30年版少子化社会対策白書」内閣府〈https://www8.cao.go.jp/shoushi/shoushika/whitepaper/measures/w-2018/30pdfgaiyoh/pdf/s1-1.pdf〉閲覧日：2019年5月9日．
- 橋本康弘（2016）「主権者教育を振り返る―幅広な取り組みの必要性―」『Voters』第35号，pp.12-13，明るい選挙推進協会．
- ジーン・パーク，井手英策（2016）「財政赤字の国際比較のために」，井手英策，ジーン・パーク編『財政赤字の国際比較』岩波書店，pp.1-25.
- 藤井剛（2016）『主権者教育のすすめ』清水書院．
- 間宮陽介ほか（2016）『現代社会』東京書籍．
- 文部科学省（2008）『中学校学習指導要領解説 社会編』日本文教出版．
- 文部科学省（2010）『高等学校学習指導要領解説 公民編』教育出版．
- 文部科学省（2016）「主権者教育実施状況調査について（概要）」文部科学省〈http://www.mext.go.jp/component/a_menu/education/detail/__icsFiles/afieldfile/2016/06/14/1372377_03_1.pdf#search=%27主権者教育実施状況調査について（概要）%27〉閲覧日：2019年3月17日．
- 吉沢浩二郎編著（2018）『図説 日本の税制　平成30年度版』財経詳報社．

［付記］本研究はJSPS科研費JP18K02538の助成を受けたものである。

4 探究学習における教育評価のあり方

和歌山大学 **二宮 衆一**

❶ 求められる探究学習

2018年3月，高等学校の新しい学習指導要領が告示された。文部科学省の改訂のポイント解説によれば，「生涯にわたって探究を深める未来の創り手」を育てるために，「生徒が各教科・科目等の特質に応じた見方・考え方を働かせながら，知識を相互に関連付けてより深く理解したり，情報を精査して考えを形成したり，問題を見いだして解決策を考えたり，思いや考えを基に創造したりすることに向かう過程を重視した学習」を充実させることがねらいとして提起されている[1]。そして，改訂された高等学校の新しい学習指導要領では，こうした改革の具体策の一つとして，「探究」をキーワードとした複数の教科・科目が導入された。

「探究」という名称を付された教科・科目は，合計7つ新設されている。これらの教科・科目は，その目的の違いによって，2種類に分けられる。一つ目は，既存の教科の中に設置される「古典探究」や「地理探究」「日本史探究」「世界史探究」といった科目である。これらの科目の目的は，「当該教科・科目における理解をより深めることを目的とし，教科の内容項目に応じた課題に沿って探究的な活動を行うもの」として示されている。二つ目は名称変更がなされた「総合的な探究の時間」や，新設された「理数科」の「理数探究」「理数探究基礎」といった教科・科目である。これらは，「課題を発見し解決していくために必要な資質・能力を育成することを目的とし，複数の教科・科目等の見方・考え方を組み合わせるなどして働かせ，探究のプロセスを通して資質・能力を育成するもの」と位置づけられている[2]。

「教科の内容項目に応じた課題」を追究する中で、各教科・科目の内容理解をより深めていくための「探究的」な学習活動なのか、実社会や実生活における課題を発見し、解決していくために必要な「資質・能力」を育成するための探究学習なのか。そうした違いはあるものの、両者は共に、「探究」を重視していることは間違いなく、今後、「探究」や「探究的」な学習活動の導入と充実が、ますます求められることになるだろう。

では、「探究」とは、どのような活動なのか。その中核と位置づけられている「総合的な探究の時間」の学習指導要領の解説では、その学習プロセスが、「①日常生活や社会に目を向けた時に湧き上がってくる疑問や関心に基づいて、自ら課題を見付け、②そこにある具体的な問題について情報を収集し、③その情報を整理・分析したり、知識や技能に結び付けたり、考えを出し合ったりしながら問題の解決に取り組み、④明らかになった考えや意見などをまとめ・表現し、そこからまた新たな課題を見付け、更なる問題の解決を始めるといった学習活動を発展的に繰り返していく」ことと、モデル化されている。「探究」とは、こうしたプロセスを通じて、「問題解決的な学習が発展的に繰り返され」「物事の本質を自己との関わりで探り見極めようとする一連の知的営み」を指す[3]。

「探究」や「探究的」な学習活動の中で求められているのは、こうした「探究のプロセス」を子どもたちが経験する中で、一方では、実社会や実生活に関わる自分ごとの課題を発見し、それに対する理解を深め、自らの考えを形成し、他方では、追究している課題に関わる情報を集め、整理・分析し、まとめ・表現するための思考力（探究スキル）、すなわち問題解決に必要な知識や技能を獲得していくことにある。現在、多くの高等学校が、直面しているのは、実社会や実生活に関わる自分ごとの課題を子どもたちに発見させ、その解決に挑ませ、深めていく「探究のプロセス」をどのように実現するのか、そして、そのプロセスの中で「探究のスキル」をどのように身につけさせるのかにある。これらの問題は、「探究のプロセス」の深まりを、どのように評価すればよいのか、そして「探究スキル」が身についているかどうかをどのように評価すればよい

52　第Ⅰ部　中等教育の改革と授業実践の課題

のか，という問いと表裏一体の関係にある。

　ここでは，2002年から指定が始まったスーパーサイエンスハイスクール（以下「SSH」）や2014年から指定が開始されたスーパーグローバルハイスクール（以下「SGH」）を中心とする高等学校で実施されてきた「課題研究」や「総合的な学習の時間」での評価の試みと，欧米を中心に展開されている「学習のための評価」の理論を参照しながら，「探究」や「探究的」な学習活動にかかわる教育評価の成果と課題について検討する。

❷　「探究」「探究的」な学習に関わる評価の試み

　「探究」あるいは「探究的」な学習の導入は，その歴史を戦前にまで遡れるように，必ずしも新しい試みとはいえない。近年の試みとしては，1998年の学習指導要領の改訂に伴い新設された「総合的な学習の時間」があげられるだろう。そこでは，「自ら課題を見付け，自ら学び，自ら考え，主体的に判断し，よりよく問題を解決する資質や能力を育成する」ことが目標に掲げられ，子どもたちが主体となる探究活動を学習に取り込もうとした。

　中等教育，なかでも高等学校では，「総合的な学習の時間」に加え，SSHやSGHを中心に，「課題研究」において，「探究」あるいは「探究的」な学習が取り組まれてきた。特に「理科課題研究」では，「高等学校における理科の学習の成果を踏まえ，生徒の興味・関心等に応じた科学に関する課題を設定し，観察，実験などを通して主体的に研究を行い，その過程において科学的に探究する能力と態度の育成を図る」と目標が定められたこともあり，多くのSSHが探究学習を試みてきた[4]。

　こうした「課題研究」を中心とした「探究」あるいは「探究的」な学習の評価では，小中学校で「総合的な学習の時間」の評価方法として広まったポートフォリオ評価に加え，パフォーマンス評価の理論と共に紹介されたルーブリックの開発が進められてきた。ルーブリックとは，成功の度合いを表す数値的な尺度と，それぞれの尺度にみられるパフォーマンスの特徴を示した記述語から

構成される。それは，正否ではなく，「適切さ」や「巧さ」「論理性」「表現性」「美しさ」などの学習成果の質を判断するための評価方法として，開発されてきたものである。「課題研究」の広がりの中で，高等学校の現場では，探究活動を通して獲得させたい資質・能力を明確にし，子どもたちの探究活動の質を評価するためにルーブリックの開発が急速に進められてきた。

　「探究」あるいは「探究的」な学習に取り組む多くの高等学校で開発されてきたルーブリックは，「採点ルーブリック」や「特定課題ルーブリック」と呼ばれるものである。例えば京都市立堀川高等学校（以下「堀川高校」）では，1999年に「探究科」を設置し，「総合的な学習の時間」を利用し，20年の長きに渡り探究活動を試み，その評価のあり方を問い続けてきた。堀川高校では，探究活動の集大成である論文を評価するためのルーブリックとして，**表1**のような「JUMP論文ルーブリック」を開発してきた。知識やスキルの有無を評価する従来のペーパーテストのような方法では，知識やスキルを総合的に使い，問題解決を行う探究活動の成果を評価することは難しい。「採点ルーブリック」や「特定課題ルーブリック」は，知識やスキルを何らかの問題解決のために使いこなすことを要求する探究活動のための評価方法として，この間，開発が進められてきたのである。

　しかしながら，こうした「採点ルーブリック」や「特定課題ルーブリック」の開発は，探究活動の評価としては限界をもっていた。なぜなら，それらは探究活動の評価を論文や発表などの学習の最終成果を対象として行うからである。堀川高校で統括室長として「課題研究」のカリキュラムを長く研究してきた飯澤は，その限界を「探究活動で成果を出せるかは，自分のテーマと合致する人や資料に出会うことができるか，という運にも左右されます。その成果を重視するとなると，プロの研究者はいいかもしれませんが，学校では『探究のプロセスはきちんと学んだが，今回は成果が出なかった生徒を低く評価する』ことになります」と述べている[5]。つまり，探究活動のプロセスにおいて子どもたちがさまざまな貴重な学習経験をしたとしても，それが必ずしも，最終的な成果として実を結ぶとは限らないのである。言いかえるならば，論文や発表など

54　第Ⅰ部　中等教育の改革と授業実践の課題

表1　堀川高校の JUMP 論文ルーブリック [6]

JUMP 論文ルーブリック		到達度		
		1	2	3
観点	探究課題	導入部分に探究課題が示されているが，問題意識が個人的すぎる，あるいは調査可能な範囲に既に存在している。	導入部分に探究課題が明示されているものの研究意義が示されていない。あるいは，解決できそうにない。	導入部分に，解決可能かつ一般に価値があり，研究意義が明確な探究課題が示されている。
	調査・研究方法	探究課題の解決に適した，調査・研究方法が論文中に示されていない。	探究課題の解決に適した，調査・研究方法が論文中に示されている。	探求課題の解決に適した創意的あるいは，緻密な調査・研究方法が論文中に示されている。
	学問領域に関する知識・理解	用語の使用が不正確であるなど，学問領域に関する知識や理解が論文中に示されていない。	学問領域に関する知識と理解が，論文中にある程度示されている。	用語の使用が正確であるなど，学問領域に関する優れた知識と理解が，論文中に示されている。
	考察・分析	収集した資料などの根拠から，議論を発展させようとしていない。	収集した資料などの根拠を基に，探究課題に適した議論をしようとしているが，表面的なものにとどまる。	収集した資料などの根拠を基に，探究課題に適した，説得力のある考えが論理的かつ明確に示されている。
	結論	探究課題とは無関係な結論が示されている。	探究課題に呼応しているものの，言い過ぎていたり，扱い切れない結論が示されている。	探究課題に呼応しており，かつ課題として扱っている範囲に対して過不足のない結論が示されている。

の探究活動の最終成果に，子どもたちが探究活動の結果として身につけた能力が反映されているとはいえない場合があり，それゆえに，探究活動の評価を，発表会や論文などの最終的な成果物だけで行うことは難しいのである。

　堀川高校では，こうした困難に直面する中で，「課題研究」の評価そのもののあり方を見直し，探究活動の成果ではなく，プロセスを評価することへと移行していった。**表2**は，2018年に堀川高校で利用されているルーブリック例で

4 探究学習における教育評価のあり方 55

表2 2018年度のJUMPの評価基準[7]

No.	観点	内容
1	問題発見, 課題設定	発見した問題に対して, 自身の持つ問題意識を明確化することができる。 課題を設定する際に, 先行研究を踏まえられている。 課題の内容や研究の学問的・社会的な価値について, 評価を受けようとする姿勢を持っている。
2	知識・技能の習得	課題を解決する際に, 必要な知識・技能を主体的に習得し, 活用することができる。
3	課題解決, 計画立案, 調査活動	論理的に課題解決ができる。 課題が複雑な場合は, 新たな課題を設定したり, うまくいかなかった場合は, 別の解決方法を示したりして, 課題を解決するための工夫ができる。 課題解決の目標を明確にして, 解決可能な調査・実験の計画を立て, 遂行することができる。
4	対話, 表現力	他者からの質問・指摘, 批判から自説を再検討し, 反映させることができる。 他者の知識レベル, 認知状態を把握した上で, 自説の表現方法を柔軟に工夫することができる。
5	振り返り, メタ認知	日々の活動の振り返りを, 活動計画に反映し, 言語化し, さらに, 次の学びに意欲的に向かっていける。 JUMPでの活動を振り返って得られた学んだことや気づいたことを, 今後の活動計画, 自己の学び方や生き方に活かそうとする姿勢を持っている。

あり, 探究活動の成果の評価ではなく, プロセスの評価として利用されている。

こうした探究活動のプロセスへの着目は, 他の高等学校でも試みられており, いくつかの高等学校では, 近年,「プロトルーブリック（メタルーブリック）」や「長期的ルーブリック」の開発が進められてきている。「プロトルーブリック」とは, 各学校が開発するルーブリックの元になるメタルーブリックである[8]。SSHでの「課題研究」では, ペットボトルロケットの最適飛行条件の工学的デザインやルビーの単結晶の合成など, 子どもたちがさまざまな課題に挑む。そのため,「課題研究」の学習目標や評価の観点・基準は, 子どもたちが挑戦す

る課題やその課題の追究を通じて学ばせたいと教師が考えていることに応じて，多様化する状況が生まれていた。「プロトルーブリック」の開発とは，そうした多様な科学的探究活動を行うために必要な共通の能力とその成功尺度を開発する試みとして取り組まれている。例えば，大貫や福嶋は，兵庫県立尼崎小田高等学校と富山県立富山中部高等学校（以下，「小田高校」と「富山中部高校」）と共同で，アメリカの探究学習の理論を参照しながら，自然科学分野と社会科学分野の探究活動に関する「プロトルーブリック」の開発を行なっている[9]。小田高校と富山中部高校では，この「プロトルーブリック」にもとづきながら，自校の「課題研究」の特色を加味し，独自のルーブリックを作成している（**表3**）。

　富山中部高校で開発されたルーブリックが示すように，それは，特定の課題を評価するためのルーブリックではない。そこで定められている評価基準は，成功の度合いを示す尺度というよりも，観点として設定された力がどのように発達していくのかを表し，それを各学年において到達して欲しい目標として表したものとなっている。到達度や成功尺度が成績を示すものではなく，最終的な目標に向かうマイルストーンとして，複数年にまたがって表されるルーブリックを「長期的ルーブリック」と呼ぶ。

　探究活動は，「課題の設定」「情報の収集」「整理・分析」「まとめ・表現」というサイクルの繰り返しの中で深まっていく。評価の対象となるのは，そうしたサイクルの中で深められる課題に対する理解と獲得される探究スキルである。探究活動の評価の難しさとは，そうした評価対象が必ずしも学習成果物として可視化されるわけではない点にある。「課題研究」の評価のあり方を問い続けてきた現場の教師が直面したのは，この困難であり，探究活動を適切に評価するためには，学習成果ではなく「探究のプロセス」そのものを評価の対象とし，そのための評価の方法を工夫する必要があった。「プロトルーブリック」や「長期的ルーブリック」の開発は，「探究」や「探究的」な学習活動の評価をより適切に，すなわち妥当性を高めるために，とりくまれてきたと捉えることができる。

表3　富山中部高校の自然科学探究のルーブリック[10]

評価の基準			2年生（1年生）	2年生	3年生	3年生
			1年生			
評価の基準	具体的特徴	高校入学時に概ね生徒が到達していると思われるレベル	高校2年生前期に一般に到達してほしいレベル	高校2年生後期に一般に到達してほしいレベル	高校生の中でも実力があると考えられるレベル	高校生の中でも極めて高い実力があると考えられるレベル
		教員が多くの支援を行って初めて探究が行える	教員の支援で, 探究活動を遂行できる	教員の支援で, 概ね自律的に探究活動を行える	教員の最低限の支援で, 概ね自律的に探究活動を行える	自律的に省察をしながら探究活動を行う
				とやま科学オリンピックなど県内大会参加・入賞	化学グランプリ・数学オリンピック・科学の甲子園など全国大会入賞	化学グランプリ・数学オリンピック・科学の甲子園などの全国大会入賞
評価\評定		1	2	3	4	5
課題と仮説の設定		課題の設定が表面的で恣意的であり, 仮説を立てたり, 問いを解決する方策を考えたりすることができない。	教員の支援をうけて, 先行研究を意識して課題を設定し, 課題に対して自分なりの仮説や解決の見通しをもっている。	先行研究を踏まえて自ら課題を設定し, 課題に対して適切な自分なりの仮説や解決の見通しをもっている。	自分や社会にとって切実な課題を設定し, 課題に対して明確な自分なりの仮説を立てている。	課題設定に社会的・科学的な問題と関連性があり, 先行研究を踏まえて課題の意義や研究範囲を明確化している。探究で得た情報をもとに問いと仮説を見直し, 練り直している。
研究の計画・実施		教員に示された研究計画にそって研究を行う。研究の実行において不備があったり, 個々の研究の意義を理解して計画を立てたりできない。	教員の助言をもとに, 仮説を検証できるような個々の研究の方法を考え, 計画を立て, 実施する。個々の実験と自分の仮説との関係を明確にできる。	課題の段階で設定した仮説に対応する研究の方法を自ら考え, 個々の実験で明らかにすることを意識しながら全体の計画を立て, 実施する。	課題の段階で設定した仮説に対応する研究の方法を自ら考え, 個々の実験の意義を明確にし, より適切な形に修正した上で, 実施する。	高校生なりに独創性のある研究方法を自ら考え, 信頼性や精度のより高い検証法を考え, 厚みのあるデータや資料を収集する。探究で得た情報をもとに研究計画を見直し, 実施する。
データの解釈（データ処理）		得られたデータや資料をどのように処理して良いのかがわからない。適切なグラフや表を選択できない。	教員の指示をもとに, 調査から得られたデータや資料をグラフ・表などを用いて表す。	データや資料の種類や調査の目的に応じて, 得られたデータ等を適切なグラフや表などによって表す。	データや資料の種類や調査の目的に応じて, 得られたデータ等を適切なグラフや表に表したり, 証拠として使える形に変換する。	データや資料の種類や調査の目的に応じて, 得られたデータ等を適切なグラフや表に表し, 多角的に眺め解釈し, データ等の妥当性を検証している。データ等を解釈する中で, 他の研究の方法にも情報を与えている。
説明の構成		主張や証拠の結びつきに誤りを含んでいたり, 構成した主張や証拠に誤りがある。そのため, 主張が恣意的なものになり, 信頼を得にくい。	概ね正しい主張や証拠を含んでいるが, 構成を欠くところがある。教員の指示をもとに論拠のある主張を形成する。	教員の助言のもとで, 研究結果に基づく自分の主張とそれを裏付ける証拠を含み, 概ね論理的かつ客観的に考察を構成している。	研究の結果に基づき, 課題に対する一貫性のある客観的な考察を行っている。自分の主張を裏付ける証拠を選び, 論理的に主張を形成している。	研究の結果に基づき, 課題に対して多面的な考察を行っている。自分の主張を裏付ける証拠を選び, 論理的な主張を形成している。また, その説明の論理構造に矛盾がないか検討を行っている。この中では先行研究との比較・関連付け等もなされている。
研究成果の発表		発表を行う際に, 必要な要素を抽出できず, 研究の概要を羅列的に説明できず, 聞き手を想定できず, 質問の意図を掴んだり, 適切な答えを返すことがでない。	研究全体を通して明かになったことを発表する。発表全体を通して補うべき情報が不足している。聞き手の質問に対して応答できるが曖昧さが残る。	研究全体を通して明かになったことを発表する。発表では聞き手を意識し, 質問に対して概ね適切に対応できる。	研究の結果から発表に必要な要素を取捨選択し, 研究成果を適切に説明する。発表では聞き手を意識して説明し, 質疑応答でも双方向のコミュニケーションが概ね成立している。	研究の結果から発表に必要な要素を取捨選択し, 発表では聞き手を惹きつけ, 研究成果が確実に伝わるように説明する。他者の意見や見解から学び自分の意見を修正したり, 論拠をもとに反論する。

58　第Ⅰ部　中等教育の改革と授業実践の課題

　以上のような「探究」あるいは「探究的」な学習活動の評価にかかわる試み
の成果は，少なくとも次の2点にまとめることができるだろう。1点目は，課
題に対する理解の深まりと探究スキルを適切に評価するために，探究活動の最
終成果物ではなく，「探究のプロセス」に着目するようになったことである。2
点目は，そうした「探究のプロセス」に即した評価を行うために，「プロトルー
ブリック」や「長期的ルーブリック」が開発され，探究活動で必要となるスキ
ルが明らかにされてきた点である。「課題の設定」「資料の収集と分析・考察」
「結論の構成・成果の発表」などが，探究活動を進めていくために必要なスキ
ルとして取り出され，その発達の筋道やそれを可視化したパフォーマンスの質
の違いが明確にされてきた。その結果，「探究」あるいは「探究的」な学習活
動の評価を行うための評価の観点や基準が統一化され，共有されるようになっ
てきている。

❸　「探究」「探究的」な学習活動の評価の課題

　評価の対象が「探究活動の成果」から「探究のプロセス」へと移行し，「プ
ロトルーブリック」や「長期的ルーブリック」が開発されることで，探究活動
に必要なスキルが明らかにされてきた。そして，そうした探究スキルを評価す
るための観点や基準が共有されることによって，「探究」や「探究的」な学習
活動の評価は，より客観的な評価，すなわち評価の妥当性と信頼性を増してき
たと捉えることができる。

　しかしながら，教育評価の機能という観点からながめると，「探究」や「探
究的」な学習活動の評価には課題もある。教育評価の機能は，総括的評価と形
成的評価の機能に大きく分けられてきた。近年，教育評価研究の分野では，欧
米を中心にこの2つの機能は「学習の評価」と「学習のための評価」とも呼ばれ，
異なる目的を持つ教育評価活動としてより明確に峻別されるようになってきて
いる。「学習の評価」とは，学習の成果を判定し，その結果を資格取得や選抜，
あるいはアカウンタビリティのために用いる評価活動として位置づけられるの

に対して，「学習のための評価」は，学習や指導の改善を支援するために行われる評価活動と捉えられている[11]。

　重要なのは，こうした2つの評価機能に関する議論が，「学習の評価」がもたらす負の効果に対する認識を背景に進められてきている点である。例えば，「学習の評価」と「学習のための評価」という言葉によって評価の機能を区別することを提起したイギリスの教育評価研究者のグループであるARG（Assessment Reform Group）は，「学習の評価」が学習者である子どもたちに与える影響として，低い評価を与えられた子どもが自尊心を損なうこと，学習動機や自らの学習能力に対する自信を失うことなどを指摘している[12]。こうした指摘にもとづくならば，「学習の評価」は，それがいかに客観的であろうと，低い評価を与えられた子どもの学習を妨げる可能性をもつことになる。

　また「学習のための評価」をアメリカにおいて推進しているスティギンスは，「学習の評価」が教師の日々の指導改善や子どもたちの学習改善に何ら貢献しないことを強調し，特に学校教育における評価活動の役割の見直しを求めている。そして，客観的に測定することに重きを置いた「学習の評価」から，いかに子どもたちの学習を進展させるのかを第一に考える「学習のための評価」への，評価の役割転換を主張している[13]。

　以上のような教育評価研究を踏まえるならば，「探究」や「探究的」な学習活動の評価も，「学習の評価」から「学習のための評価」へと，その評価のあり方を移行させていく必要があると考えられる。なぜなら，かつて日本の評価論において「測定」と「評価」が区別されたように，学校教育における評価は，本来，形成的な評価の役割を担うべきだからである。学校教育において取り組まれる「探究」や「探究的」な学習の目的は，学習者である子どもたちに探究活動を通じて探究スキルを獲得させ，「物事の本質を自己との関わりで探り見極め」させることにある。

　探究活動の評価が「成果」から「プロセス」に，その対象を移そうとしている現在，探究活動の正否や探究スキルを身につけているかを判定する「学習の評価」ではなく，探究活動を支え，促す役割，すなわち「学習のための評価」

60 第Ⅰ部 中等教育の改革と授業実践の課題

を担うことが，求められているといえる。「探究」や「探究的」な学習活動の評価にかかわる現在の大きな課題は，「探究学習の評価」から「探究学習のための評価」へと，その評価のあり方を変えていくことにある。

❹ 「探究学習の評価」から「探究学習のための評価」へ

　幸いなことに「探究学習の評価」から「探究学習のための評価」への試みが，「課題研究」などの「探究」「探究的」な学習に長らく挑んできた高等学校の現場から発信されつつある。例えば，堀川高校で研究部長を務める井尻は，現在，評価において最も重視していることを「次につながる評価」と述べ，「探究活動について生徒が書いたものや言ったことを，その活動のさらなる改善や前進につながるように評価しアドバイスする。つまりフィードバックをすることです」と応えている[14]。堀川高校では，そのための具体的な取り組みとして，教師が評価基準を共有し，同じ観点と基準にもとづき子どもたちにフィードバックすることや，中間発表など，探究活動の途上での発表に対する子ども同士の質問やコメント，教師からのコメントを「評価」と捉え，そうした評価に注目し，そのあり方に目を向けるようになっている。

　教師から子どもたちへのフィードバックのあり方は，「学習のための評価」において，とりわけ重視されてきたことの一つである。子どもたちの学習成果を判定するだけでは，「学習のための評価」の機能を評価活動は果たすことができない。学習の進展や改善のためには，到達目標となっているパフォーマンスと実際に子どもたちが行うことができるパフォーマンスとの差違を示すだけでなく，そのギャップを埋めるために必要となる学習活動の手がかりを，具体的に，子どもたちが理解できるようにフィードバックすることが，評価を「学習のための評価」として機能させるために必要不可欠なのである。

　例えば，「探究」や「探究的」な学習活動では，どのようにすれば子どもたちに追究する価値のある課題を設定させることができるのかが，実践的な問題として教師に認識されてきた。この問題に対して，「自分たち以外や社会にと

っても役立つような課題を設定する」「課題にならないものやあいまいな課題
は設定しない（例えば，「人間とは」，「宇宙とは」など）」「すぐに調べて終わ
るような課題を設定しない」といった観点で，子どもたちと対話し，「自分ご
と」で身近に感じる課題を設定させていくような働きかけが提唱されている[15]。

　探究のプロセスである「課題の設定」「情報の収集」「整理・分析」「まとめ・
表現」と，そこで必要とされる探究スキルに即して，どのようなフィードバッ
クが探究のプロセスを進め，そこで必要とされる探究スキルを育むために役立
つのか。探究活動の成果を適切に測る「探究学習の評価」のみならず，そうし
た「探究学習のための評価」に関する実践や研究を蓄積していく必要がある。

　フィードバックに注目する実践に加え，高等学校の評価実践の中には，近年，
形成的評価，あるいは「学習のための評価」にかかわる研究において「学習と
しての評価」と呼ばれている新しい考え方の萌芽もみてとることができる。「学
習としての評価」とは，端的に表すならば，評価活動を子どもの学習として組
織し直そうとする試みである。

　「学習のための評価」を実践的にも押し進めているイギリスでは，ルーブリ
ックを教師が子どもたちの学習到達レベルを判断するために利用するだけでな
く，ルーブリックを子どもたちの学習対象として利用する試みが行われてい
る[16]。単元のはじめに，評価基準を満たしている作品と満たしていない作品
を取り上げ，それらの比較検討を子どもたち自身が行うことで，単元において
どのような学習が求められているのかを理解し，主体的に学習に取り組めるよ
うにするのである。つまり，「学習としての評価」では，評価基準を「メタ認
知的知識」として子どもたちに学ばせ，それを使って自らの学習をふりかえる
活動に挑戦することで，学習をモニタリングしたりコントロールしたりする能
力などの，メタ認知能力を獲得させようとしているのである。

　こうした「学習としての評価」の試みとして，石川県立金沢泉丘高等学校（以
下「金沢泉丘高校」）の実践例がある。金沢泉丘高校では，「課題研究」の評価
基準を作成する際に，「教師が生徒を評価するためのものではなく，生徒が自
らの学習の指針に活用できるルーブリック」を開発することに挑戦している[17]。

そして，最終的な目標を示した「ビジョンルーブリック」，「長期ルーブリック」
と，ポスター発表などの特定の活動に利用する「短期ルーブリック」の3種類
のルーブリックを開発し，それを子どもたちと共有している。金沢泉丘高校で
は，ルーブリックの評価基準を活動の成果を評価するためではなく探究活動を
進めていくための指針，すなわち「メタ認知的知識」として位置づけ，それを
教師と子どもたちが共有することで，個々の探究活動にいかそうとしているの
である。

　堀川高校では，評価基準ではなく，子どもたちの自己評価を「学習としての
評価」に利用している。探究活動の成果をまとめた論文に加え，2010年から
は「生徒の視点から探究活動の経過を記述させた体験記集」を作成している。
この「体験記集」を作成するに至った理由は次のようなものである。「論文集は，
論文を書く際の参考にはなっても，探究活動のすすめ方そのものの参考にはな
らない。なぜならば，論文は研究成果を説明する上で必要十分な記述をするも
のであり，生徒にもそのように指導しているからである。探究活動をすすめた
中で，自分がどのような困難に直面したか，その困難をどのように乗り越えた
か，といった生々しい探究の紆余曲折や，それらから何を学びとったかという
メタ認知の過程は，論文には残らない」[18]。

　堀川高校では，教師は「体験記集」から，探究活動のプロセスのどこで，ど
のような困難に子どもたちが直面するのかを学び，「課題研究」の指導に生か
すと同時に，子どもたちが，探究活動を進めていくための指針や羅針盤として
活用している。教師は，「体験記集」に綴られた先達である子どもたちの探究
活動の足跡を，後輩である子どもたちとも共有することで，探究活動に必要と
なる経験や能力，そこで出会う苦しみや楽しみ，挫折なども含めた探究活動に
関わる「メタ認知的知識」を学ぶ機会としているのである。

　評価活動を学習活動として捉え直すことを提案する「学習としての評価」の
考え方は，学習者である子どもたちに，自ら主体的に学習を進めていけるため
の能力，すなわちメタ認知能力を身につけさせようとするものである。ルーブ
リックや「体験記」の共有が，探究活動を進めていくための指針や羅針盤の獲

得につながるのであれば，そうした評価活動は，子どもたちがより主体的に探究活動を進めていくための力を養う学習活動となりえる。「探究」や「探究的」な学習活動を，子どもたち自身による主体的な活動としていくためには，「学習としての評価」の観点からも，探究活動の評価のあり方を考えてみる必要があるだろう。

❺ 「クライテリア・コンプライアンス」という問題

「先行研究や文献を収集し，それを参考により多くのデータや資料を集めるための調査計画を立て，実施することができる」「得られた資料を適切な図表に表すことができる」。こうした探究スキルを身につけさせることが，「探究」や「探究的」な学習活動の目標の一つとして共有され，それを評価するための観点や評価基準が，ルーブリックの開発として試行されてきた。そして今，ルーブリックは探究スキルが獲得できたかどうかを評価するためだけに利用されるのではなく，それを育成し，探究活動を深めるために使われ始めている。こうした方向性は，「探究」あるいは「探究的」学習の評価のあり方として，今後も求められ続けるだろう。

他方で，探究スキルを身につけさせることが目標となり，評価基準として示されるとそれらが探究活動そのものを縛る鎖となり，探究活動はそうした能力を身につけるための手段と化す可能性が生じることも事実である。それは学習と評価の関係を逆転させてしまう危険性をはらんでいる。

例えば森は，「ルーブリックの評価基準に縛られて，ルーブリックに書かれていることだけを到達目標とする紋切り型の評価」となる危険性を指摘し，そうならないように留意するべきと主張している[19]。ルーブリックは，求められるパフォーマンスの質を言語化し，数値の尺度に変換することで，評価の基準を明確化するものである。そうした性質を持つルーブリックを用いて，探究活動の評価を行うことは，パフォーマンス評価の理論が示すように，その妥当性と信頼性を確保することにつながる。しかし，評価基準の明確化が学習と評

64　第Ⅰ部　中等教育の改革と授業実践の課題

価の関係を逆転させ，学習を歪めたり形骸化させたりする可能性があることを森は指摘している。

　こうした問題は，スタンダードや評価基準の明確化が加速する多くの国々で生じており，OECDからも同様の問題意識が発せられている。OECDは，スタンダードや評価基準があらかじめ明確に設定されている状況の下では，「教師は『テストのための教育』を強いられることになり，生徒は学習ではなく，パフォーマンスとして定められているゴールの達成を求められるようになる」と警鐘をならしている[20]。

　「学習のための評価」であれ，「学習としての評価」であれ，その評価活動が設定された評価基準にもとづいて学習の到達点を確認し，評価基準を達成するための学習改善へと収束していくのであれば，学習は「評価のための学習」へと変貌し，形骸化してしまう可能性がある。イギリスの教育評価研究者であるトーランスは，評価基準が学習を束縛し，学習が「評価のための学習」となってしまう状況を「クライテリア・コンプライアンス（Criteria compliance）」と表現している[21]。

　探究活動の深まりは，課題として設定したテーマに対する理解の深まりと，それに伴う問題意識の高まりによって支えられる。つまり，探究活動は，課題として設定したテーマに関する深い理解と自らの深い関与を伴うことで，「物事の本質を自己との関わりで探り見極めようとする一連の知的営み」となることができる[22]。評価基準の明確化によって生み出される「クライテリア・コンプライアンス」は，そうした「深い理解」と「深い関与」を学習者の中に生みだすことなく，探究活動を探究スキルの獲得のための手段として形骸化させる可能性をはらんでいる。「クライテリア・コンプライアンス」に陥ることなく，ルーブリックをはじめとする評価のツールをいかに使いこなすのかを考え，問い続けることが，深い探究活動を実現するために何よりも大切である。

＜引用・参考文献＞

1）　文部科学省「高等学校学習指導要領の改訂のポイント」（http://www.mext.go.jp/a_

4 探究学習における教育評価のあり方　65

menu/shotou/new-cs/1384661.htm 2019 年 5 月アクセス確認）
2) 文部科学省（2018）『高等学校学習指導要領解説　総則編』pp.61-62.
3) 文部科学省（2018）『高等学校学習指導要領解説　総合的な探究の時間編』p.12.
4) 文部科学省（2009）『高等学校学習指導要領解説　理科編』p.119.
5) 松井大助（2018）「堀川高校：『何のために』『どこを目指して』『どのように』探究活動の評価を模索した 20 年」『キャリアガイダンス』vol.425, p.35, リクルート.
6) 同上書，p.36.
7) 同上書，p.36.
8) プロトルーブリックについては，松下佳代（2012）「パフォーマンス評価による学習の質の評価－学習評価の構図の分析にもとづいて－」『京都大学高等教育研究』第 18 号，pp.75-14. および吉田武大（2011）「アメリカにおけるバリュールーブリックの動向」『教育総合研究叢書』4 号，pp.1-12. を参照。
9) 田中耕治（2016）『思考力・判断力・表現力育成のための長期的ルーブリックの開発　研究成果最終報告書』に所収の大貫守「高等学校での課題研究ルーブリック作成の取り組み－科学的探究の指導と評価を中心に－」，福嶋祐貴「高等学校における課題研究ルーブリックの検討－社会科学的探究の指導と評価を中心に－」，徳島祐彌「ルーブリックを用いた探究の評価について－大阪府三国ヶ丘高等学校の事例から－」を参照。
10) 大貫（2016），同上書，p.78. にもとづき脱字等を筆者が修正・加筆。
11) 二宮衆一（2015）「教育評価の機能」，西岡加名恵・石井英真・田中耕治編『新しい教育評価入門』有斐閣コンパクト.
12) Assessment Reform Group（2002). Testing, Motivation and Learning, University of Cambridge School of Education.
13) Stiggins,R.（2005). From Formative Assessment to Assessment FOR Learning: A Path to Success in Standards-Based Schools, PHI DELTA KAPPAN, Vol.87, No.4, 324-328.
14) 松井（2018），前掲書，p.36.
15) 福井県先端教育研究センター（2017）『探究的な学習における資質・能力の育成と評価のあり方』.
16) シャーリー・クラーク著．安藤輝次訳（2016）『アクティブラーニングのための学習評価法』関西大学出版部.
17) 松井大助（2018）「探究で育む生徒の資質・能力「教科横断」の裾野を広げる授業と「本物の場面」のある探究で高い志と行動力をもつ人材を育成：金沢泉丘高校」，『キャリアガイダンス』vol.424，pp.14-16，リクルート.
18) 飯澤功（2013）「課題探究型学習でつけたい力とついた力」，『育成すべき資質・能力を踏まえた教育目標・内容と評価の在り方に関する検討会（第 7 回）資料』.
19) 森敏昭（2015）「学習開発学の展開」，『学習開発学研究』(8)，pp.3-16，広島大学大学院教育学研究科学習開発学講座.

20) OECD（2005）. Formative Assessment: Improving Learning in Secondary Classrooms: OECD Publishing, p.24.

21) Torrance, H.（2007）. Assessment as learning? How the use of explicit learning objectives, assessment criteria and feedback in post-secondary education and training can come to dominate learning, Assessment in Education, 14（3）, 281-294.

22) 松下佳代・京都大学高等教育研究開発推進センター編著（2015）『ディープ・アクティブラーニング』勁草書房を参照。

II

子どもの多様性と中等教育実践の課題

1 子どもが「運命を背負う」過程に教師が「伴走」する
―初等教育の「延長」ではない，中等教育実践の独自の課題―

2 多様な文化的背景の子どもたちと中等教育実践の課題

3 性の多様性をめぐる授業実践の課題と展望

4 進路多様高校におけるカリキュラム開発
―社会に開かれた教育の追求―

1 子どもが「運命を背負う」過程に 教師が「伴走」する
—初等教育の「延長」ではない，中等教育実践の独自の課題—

熊本大学　**白石　陽一**

❶　はじめに

　私（筆者）に与えられた課題は「中等教育実践の課題」であるが，本稿で複数のテーマをもうけると教科書のような「あたりまえ」の話になるおそれがあるため，一つだけの話題に限定して論じてみたい。

　それは，子どもが「自分の運命を背負ってのりこえる」ことである。

　この命題を言いかえると，以下のようになる。つまり，中等教育とは初等教育の単なる「延長」ではなく，思春期統合という課題に応えるものである。これを，子どもの側に即していえば，ある種の「逆転劇」を演じることであり，教師の側からいえば，子どもの逆転劇に「伴走」することである[1]。

　こう主張したのは竹内常一であるが，このようなレトリックの利いた表現は，通常の研究書ではあまりみられないと思う。では，なぜ竹内の文体は特徴的なのか。竹内は実践記録の「読み」（分析，批評）という手法を駆使しながら，自らの教育理論をつくりあげてきたからだ。この私の推察はあながち強引ではないと考えるのだが，その理由を以下の竹内本人の文章から読みとってもよいと思う。「私は学級集団づくりの理論的展開以上に，実践記録の分析にその仕事の大半を割いてきたということができる」[2]。

　竹内が用いる用語は文芸批評の用語に近い。それは「概念」を重視するというよりも「レトリック」を活用するものである。私も教育実践記録を「読む」技術と思想について，竹内のしごとを評価しながら論じたことがある[3]。生徒の葛藤や成長の足跡に関する竹内の文章（語り）は臨場感をもっているため重要な箇所はほぼ全文引用してもよいとさえ思っているし，以下の私の論述でも

長く引用したり，参照したりしている。こういう誘惑にかられる理由として，竹内は自分の省察を加えることで実践記録を「語りなおして」「物語として仕上げる」ことを意図しているからだ，と私は推測している。およそ重要な概念や実践の大原則は，ある程度まとまりのある物語の中に位置づけたりエピソードとして語りなおされたりすることではじめて読み手の腑に落ちるのである。だから，竹内の実践批評は「独立論文として読める」のである。

　日本の教師は，これまで数十年にわたって莫大な実践記録を書き残し，いまでも日々実践記録を書き続けている。この財産を活用する方法，つまり実践記録を「読む」方法を探求できないならば，理論は実践に対して貢献できないということになる。逆にいえば，実践家は理論を信用しなくなる。本稿は，一方において竹内の読みの「技法」に学びながら，もう一方で中等教育に携わるときに「あえて念頭に置いたほうがよいこと」を指摘する試みである。要するに，竹内が実践記録を読んだ軌跡を私たちが辿っていけば，中等教育実践の実相と深層がみえてくる。これは，本稿にこめた私の裏メッセージである。

　「運命を背負う」という竹内の箴言だけをとり出すならば，恐ろしいことのように響く。そこで竹内が読み解いた実践記録の二つを紹介することで具体的に考えてみたい。一つは，高校女子生徒の性遍歴であり，もう一つは「つっぱり」中学生の進路指導である。

❷　性遍歴を介して自分の「人生を選ぶ」ということ [4]

　ある女子生徒は，母方の祖父母に育てられた。それは彼女の母が蒸発したうえに，父も母と離婚した後，再婚して家を出てしまったからである。彼女にからんでくる男性も複雑な家庭環境の中に育っている。担任の女性教師が彼女を知ったのは高二のときであるが，この時には彼女はすでにツッパリ始めていた。彼女は，高校で楽しいことなど体験することもなく，しかしいわゆる「悪いこと」はたくさん経験していた。その結果の夢であった結婚を，高校を中退して実現する。相手は同じ高校を中退した18歳の男であった。しかし，この結婚

70　第Ⅱ部　子どもの多様性と中等教育実践の課題

も幸せには至らなかった。相手の男性は結婚後働かなくなり，何かというと彼女に暴力をふるうになった。結果として，彼女は祖父母の家に戻って子どもを産み，相手と別れることになった。

　他方，彼女は，引き取ってもらった祖父母のことを気づかっている。「おばあちゃんが家でちゃんとごはんを食べているか心配になる」と書いている。「子ども」である彼女が，「おとな」であるおばあちゃんを気づかっている。彼女のこの「やさしさ」は，彼女の生き直しを底支えするという重大な役割を演じることになった。

　竹内は，この女子生徒の性遍歴について，概略以下のように解釈している。彼女は，親に捨てられたといってよい。それゆえに，彼女は「やさしさ」と「力強さ」を男性に求めることにもなる。親の受容を体験できなかったがゆえに，彼女は根源的な「淋しさ」「無力感」をかかえていたのだろう。それが彼女を男性に・性交渉に駆りたてたのかもしれない。つまり彼女は，「異性愛を求めていたのではなく，親の愛を求めて性行動に入っていった」のかもしれない。親の愛を確認することができないままに，親密な友達関係も経験することができないで思春期に突入することになった子どもは，性的衝動を噴出させトラブルをくりかえすことになる。

　付言しておくと，このトラブルはときに怒りや憎しみとなって教師に襲いかかることがある。一般的にいって暴力は，身近な人・やさしそうな人・受けとめてもらえそうな人に向けられるからである。

　最終的には彼女は子どもを産んだからこそ，男を拒否し，祖父母と和解し，父母を許すことができるようになったのかもしれない，と竹内は読む。そして竹内は，こう結んでいる。「運命から逃げてばかりいて，自分を破滅させるのではなく，運命そのものを背負いこみ，運命を資源にして，かれら独自の選択的アイデンティティを確立するよう要求しなければならないことがある」[5]。

　ここで「要求する」主体とは，当然教師である。これに続けて，竹内が「運命を背負う」ことは「例外的」なのではなく，むしろそうすることが「原則的」であると述べていることがいっそう重要である。この主張に同意するならば，

私たちはこの命題を普通の生徒にも教師の実践にも妥当するよう考察することを求められるからである。

以下，竹内の見解を私なりに若干補足しておく。運命から逃げるとは，自分の運命を呪うということでもある。運命を呪っていると，世界は自分が呪ったようにしかみえなくなる。それは自分を破滅においこむ道である。子どもが学校を恨み続けている間は，その当人は恨みの対象である学校から逃れられない。恨みや怒りの感情は自分を蝕んでいくのだから，恨みや怒りの被害者は何よりも自分自身である。だとすれば，子どもはどこかで自分自身と「和解」しなければこれからの人生を歩んでいけないことになる。

そのためには，子どもは現状を恨み，届かない夢に固執するのではなく，さまざまな可能性を諦める努力が必要となる。「諦める」とは，「明らかにする」に通じる。例えば，自分に変えられないものを受け入れる落ち着きをもち，自分に変えられるものは変えていく勇気をもつ。そして，この二つのものを見分ける賢さをもつことである6)。これを竹内の言葉で言えば「選択する」ということになる。青年期において自分の人生を「選ぶ」ということは，それ以外の可能性を「捨てる」ということである。「おとなになるということは『あきらめる』こと，すなわち，自分の置かれている状況を明らかにみてとり，一つの自分を意識的に自己選択するという決断をふくんでいる。そうだとすれば，その自立は，その切り捨てた可能性をどう引き取り，それをキャリア形成のなかでどのように発展的に現実化していくかという課題をふくんでいる」7)。

この点に関連するのだが，竹内は，中等教育を「卒業する」・青年期を「卒業する」ということについて，こう述べている。「青年というのは，あるとき，ここを自分の生きる場所と定める決意をすることでもって，青年期を卒業するのかもしれません」8)。

一つの選択の背後には，果たせなかった可能性や悩んだ末に切り捨てた選択肢がたくさん沈殿している。だから達成できなかったことの無念を聴きとってあげる人が，傍らに存在しないといけない。子どもの無念や諦めを聴きとり対話をつないでいく教師のしごとを称して，子どもに「伴走」すると竹内は述べ

たのである。以上の点から考えると，「伴走」は長期戦となる。

　この女子生徒の性遍歴は，彼女がこれから生きていくうえで無駄だったのだろうか。あるいは負の経験とみなして表面化させないほうがよいのだろうか。そんなことはないだろう。彼女にとって，自身の性遍歴を肯定的に読み替える過程を経なければ，歪んだ形であれまっとうな愛情欲求を発露させた自分を排除する世の中を恨み続けることにもなりかねない。逆にいえば，彼女は自分の人生を選ぶ力を蓄えていったと解することができるし，自分のやさしさに気づくこともできたと評価してもよい。

　彼女の過去は変えられるのか，という問いに対する私の回答はこうである。過去は変えることができる。それは，現在の彼女から「過去の経歴に対する見方を変える」という限りにおいて，である。この理路からすれば，中等教育に携わる教師のしごとは，「人生に無駄なものはない」ということを子どもの人生遍歴から学び，これを教師なりに言語化して子どもに語り返すことだ，といえる[9]。ここにおいて，「中等教育は思春期統合という課題に応える教育であって，初等教育の延長ではない」という竹内の主張が際立ってくる。生徒はこれまでの（初等教育以来の）「ツケ」に苦しめられるのではなく，「ツケ」を払うことをするのである。

　しかし，普通の教師は，この女子生徒のような激烈な経験をしていないとすれば，彼女の人生に対して安直な助言や忠告などできないだろう。また教師は語るべき言葉を持ってないし，子どもをリードすべき生き方を持っていないかもしれない。それでも当の子どもと向き合うことになる。それは教師の職務だからというよりは，先行世代・大人の義務だからである。教師は語る術がなくても子どもの傍らに居る。そして，子どもの深層を推測したり子どもの謎を保持したりして，子どもの声を拾い上げてつないでいく。この指導性は「導く人≒リーダー」というよりは「ともに道を歩む人」と呼んだほうが適切なのかもしれない。

　ともに歩むといっても，教師は子どもの歩みを読み込み，読み深め，読み変えている。生徒の性遍歴をただの「非行」と読むならば，この行為にはマイナ

スの価値しか付与されないが，それを「自分くずしと自分つくり」と読み替えるならば，それは思春期を生きるうえで必要なことだったと教師も学び直すことができる。非行・不登校とは，生徒たちが「熱病的」に生きることを求める姿の別名でもあった。教師が使う言葉が「そう」であるということは，教師に見えている現実も「そう」であるということだ。この間の事情を，現代思想の用語では「言語論的転回」と呼ぶ。言語論的転回の知見に学ぶなら，読み替えるという営みは指導の立派な要件となるのである。

❸　複雑な現実を複雑なままに見る

　竹内のタッチも竹内に依拠する私の論述も「倫理」が前面に出る感じがするので，「より広く応用可能な」話になるように，しかも「今日の教育の課題が浮かび上がる」形で読み替えてみたい。それは「複雑な現実を複雑なままに見る」という構えをもつことである。

　「話を複雑にする効用」については，内田樹の見解を聞くことが有益だと思う。

　そもそも「現実が複雑であるときには，話も複雑にするのがことの筋道」であり，「現実が整合的でない以上，それについて語る理説が整合的である必要はない」。この論理に従うならば，内田の結論は，以下の二点になる。第一に，「話を複雑なままにしておく方が，話を簡単にするよりも『話が早い』（ことがある）」。第二に，「何かが『分かった』と誤認することによってもたらされる災禍は，何かが『分からない』と正直に申告することによってもたらされる災禍よりも有害である（ことが多い）」10)。

　人が「わかった」と誤認して考え方を改めないなら，誤認を続けていくことになる。それに対して「わからない」と正直に申告すれば，過ちを検討する可能性が残される。したがって実践の改善や人の成長の可能性を残す道は，「わからない」をきちんと保持し自認しているときだ，ということになる。自分が「何を知らないのか」という問いを手放さない構えを「知性」と呼ぶことは，古くから哲学が教えるとおりである。

似たような趣旨のことを精神医学・臨床医学の分野では「ネガティブ・ケイパビリティ（negative capability）」と呼んでいる。ネガティブ・ケイパビリティとは，作家であり精神科の医師である帚木蓬生によれば，「どうにも答えの出ない，どうにも対処しようのない事態に耐える能力」をさす。帚木がネガティブ・ケイパビリティの意義を強調するのは，問題の早期解決という欲望が相手への敬愛を損なうからである。この話は医療における患者の場合にも，教育における子どもの場合にもあてはまる，という。問題解決があまりに強調されると，問題そのものを「平易化」してしまう。単純な問題なら解決も早い。だが，この時の問題は複雑さをそぎ落としているので，現実の世界から遊離したものになりがちである。言い換えると，問題を設定した土俵自体，現実をふまえないケースが出てくる。こうなると解答は机上の空論になる 11)。

ネガティブ・ケイパビリティという用語は使っていないが，中井久夫も「精神健康」という観点で似たような趣旨を述べている。健康の定義も簡単ではないが，中井は「精神健康をあやうくするようなことに対する耐性」という観点で10項目以上をあげている。本論のテーマにかかわる限りで紹介すると，分裂にある程度耐える能力，両義性に耐える能力，未解決のまま保持できる能力（迂回する能力），いい加減で手を打つ能力，現実対処の方法を複数持ち合わせていること，予感や余韻を感受する能力，などである 12)。

若干説明を補足すると，未解決のまま保持することの反対は「即時全面実現」であるが，こんなスローガンに本気になることは危険である。いい加減とは「意地にならない」能力とも，若干の欲求不満に耐える能力ともいえ，象徴的にいえば「戦争に突入する」ことを避ける力である。いずれにしても，成熟した大人の対応と類似していることに注目しておきたい。

また，中井は相手（患者）に対する敬意の証明として「診断書」は「原則として患者の眼の前で書き，読み上げる」13) という。中井によると，相手にわかるように書くことも，ふつうの人にわかるように話すことも「医者の修練の大事な一つ」なのである。病名だけを告げるのでは，かえって不親切で誤解を招くこともある。字画の多い漢字ほど・漢字の数が多いほど，患者にとっては

大変な病気だと感じられるだろう[14]。「日本語」で医療を語り，「日常用語」で患者に語る努力をしないと，臨床技術は進歩しない。このような技術を「高度な平凡性」と特徴づけてもよい[15]。この理路は教育技術について考える際にもまことに適切にあてはまる，と私は考えている。

　以上，精神科医療の知見を強調しながら私が主張したかったのは，「早期対応」などの美名によって「うすっぺらな」判断や「前のめりの」態度に出ると，かえって子どもと関係を悪化させるという理路である。この悪癖の対極に位置するのが「伴走」と呼ばれる指導であり，これは理路であるというよりも実践で証明されている。教育実践においては「したほうがよいこと」は学年・学校の実情・教師の個性などの違いによって臨機応変に対応するため，断定することはむずかしい。しかし「しないほうがよいこと」「してはならないこと」は，わりと一貫している。この論理と事実について数値による証拠（エビデンス）を示さないと納得できないという人がいるならば，その人は日本の教育実践の遺産と英知に学んでいないといってよい。

　「伴走」するという比喩からうかがえるように，この指導には「積極的に先を見通す」というよりも，「経験したことを事後的に見直す」というニュアンスがある。「伴走」の役割を強調しても，それは「あとづけ」の解釈をしているだけで「前向き」の指示をしていない，すなわち「指導」をしていないのではないか，という反論も聞こえてきそうである。また，子どもと対話する際の「心がけのようなもの」よりも，「青年期の発達理論」や「学級づくりの技術」を先に学ぶほうが有効だという意見があることも承知している。

　そこで以下のように回答してみたい。教師は「理論を学び尽くしたのちに」子どもと出会うわけではない。また「どうしたらよいかわからないのだが，何とかしないといけない」事態は，実践では普通のことであり，この時に子どもの行動や感情についてわからない点があっても，「謎を謎として」保持しておくことが実践を進める原動力になることがある。謎を手放さないならば，「わかったつもり」になって子どもを「判定」したり「断罪」したりしないだろう。謎があるからこそ「子どもに聞いてみたい」欲求が教師の中に生まれ，子ども

と対話するきっかけになる。子どもに対する「謎」と「敬意」を手放さないという構えに立つと，「ただちに現状を好転させる」ことはできなくても「最悪の事態に転落する」ことだけは回避できる。

だが，教師が謎を保持し，経験の読み替えを試みる場合でも，子どもとの対話は直線的に進むわけではない。なぜなら「思春期とは口ごもる時期」16) だからであり，この時期の特徴について内田樹は以下のよう述べている17)。

幼児と若者を切り分ける境界線の一つは「幼児では未発達であった情緒が豊かになってくる」ことである。情緒が豊かになるにつれて表情も豊かになり，あいまいな表情が出てくる。つまり，「いわく言いがたい表情」をつくれるようになる。「若い」ということは，本来「口ごもる」ことでもある。青年になるにつれて，感情や言葉を細かく「割っていく」ことを欲するようになる。

逆にいえば，今日子どもたちの言語が「複雑さ」を失っていることが問題である。思春期以降の若者の語りの中に「ためらい」「言いよどみ」「つかえ」という言語機能がないことが危機的だといえる。たとえば，苛立ちや怒りや不安といっても，種類は多様なはずなのにその中身が「分節」されないで，同じ口調だけが繰り返されていると思考も感情も複雑になっていかない。もちろん問題は若者に限らない。この背後には，白黒をはっきりさせたがり話を簡単にしたがる政治やメディアなどが存在している。話を簡単にするとは，たとえば「できるだけ少ない語彙」でセンテンスを「言い切る」ことである。

こういう状況を鑑みると，「自分らしく」や「自立をめざして」といった，大人や教師が行なう定番ともいえる「大ざっぱで陳腐な」励ましは無力だということになる。それにもかかわらず教師の語りかけが「現象的には」届いているかのように見えて，子どもから異議がなされないのは以下のような理由であろう。まず，教師は自分の励ましが子どもに「届いたと思いたい」欲望を抱いているからである。そして，子どもが「そんな空虚な教訓は不要だ」と反論することを，長い期間をかけて封じてきたからである。

以上の点から，遍歴の言葉，逆説的メッセージ，言葉にならぬ口ごもりなどを聴き留めてもらえず，それを空虚なスローガンで押されこまれてきた子ども

が思春期を無傷なままに通過することは論理的に考えて無理だろう，と私は言いたいのである。こう考えるなら「複雑にみる」ことや「言葉を分節する」ことは，「伴走」という指導を内から強力に支える営みだといえるだろう。

　子ども・青年の言葉にならない思いとは何か。思いつくままに列挙してみると，以下のようになるだろうか。愛されたという感覚はどんなものなのか，私の淋しさはどこからくるのか，自分の将来はイメージできないが誰か教えてほしい，友達とはどんな人なのか，大人になるといいことがあるのか，親を否定し去ってもよいのか。子どもたちの表現は攻撃的であったり曖昧であったりするが，問い方自体はおそらく根源的なのだと思う。教師は，こんな問いに「上手に」「短時間で」回答できるはずがない。ここでの要点は，子どもがともかく言語化できたという体験であり，教師がそれを一旦は受けとめたという事実である。これらの問いは「一般的」回答を拒むのである。応答する人（大人，教師）の苦渋や敗北の経験をくぐった「その人しか発することができない」「個人の責任で発せられる」応答を求めるのである。

　先の「性遍歴」実践の書き手である藤田幸子は，別の実践記録で以下のように述べている[18]。卒業式のときに生徒たち全員が涙して別れを惜しんだのだが，教師・藤田は泣くことができなかった。中絶の経験があり自主退学においこまれた生徒の「私が納得していないことを先生は覚えておいて」という声を忘れることができなかったからである。その後その生徒と再会し結婚式に招かれた時，こう考えるのであった。私は卒業生とは徐々に離れていくようにしている。あまりに知りすぎた人とつき合うのは重たいと感じる生徒もいるからだ。強烈な出会いをすると，双方の心の中にそれぞれの人が棲んでしまうことになる。

　ここで長い説明をする余裕はないが，要するに，藤田は悔恨を抱きしめている。単純に再会を祝すのではなく，適切な距離と節度ある関係について熟慮している。このような藤田でしか言えない語りや成熟した大人になろうとする態度が，その後の実践において「ものをいう」のだと思う。

78 第Ⅱ部 子どもの多様性と中等教育実践の課題

❹ 進路指導における人生の選択

　「運命を背負う」ということのもう一つの典型事例は「つっぱり学習会」に
よる進路指導・進路選択である[19]。中学生になって「荒れる」生徒の背景には，
小学時代の学級崩壊の中で放置され，いじめられてきた体験がある。この子た
ちは経済的・文化的な階層格差の影響を受けているため低学力である。彼らは
「自分なんかいないほうがいいんだ」と自分自身に見切りをつけている。とい
うことは，自分自身からも世界からも「見捨てられている」ことになる。見捨
てられているという不安と学校に対する不信ゆえに，彼らはトラブルをくりかえ
えす。その行為が多少暴力的であったにせよ，「はずされている俺の気持ちが
わかるか」という怒りや悲しみには「一分の理」がある。この一分の理に共感
されなかったならば，生徒の荒れはより激しいものになっていく。

　かつて「非行の温床は低学力だ」といわれた事態が，1990年代，階層格差
の時代において形を変えながら克服されないままに引きずられている。だから，
この生徒にとりくむ教師は「つっぱり学習会」を組織することになった。

　「つっぱり学習会」とは，一方では学力不足を補って高校の進学を保証する
道であるとともに，他方では「もうひとつの」学校をつくり出そうとする試み
である。「もうひとつの」学校とは，学校から見捨てられた生徒たちの避難場
所であり拠り所という役割をもつ。この居場所に居着くことではじめて，彼ら
は自分の虚脱や絶望を言葉にできるのである。

　この試みは，一旦は生徒に受け入れられ成功を収めたようにみえる。それは
生徒たちが，初めて敬意をもって処遇された経験をもったからである。だが，
いわゆる「学力補充」は「とりあえず高校に入る」ためだけに行う努力であり，
入試用学力は反復練習だけを強いることが多い。そうなると，下手をすると「あ
なたがこれまで怠けてきたのだから人の二倍の努力をしないといけない」，「人
の二倍の努力で人並みのレベルにたどり着く」というメッセージを流すことに
もなりかねない。これでは生徒たちはプライドを傷つけられてしまう。結局，
自分たちは他人より低く見られている，というわけだ。

だから，竹内によれば，「学力補充」というものは，子どもの「できなさ」を思い知らせるというマイナスの反面をもっているという。生徒たちは，学力補充のような教育を拒否することによって「もう，これ以上自分を見込みのないものにしないでくれ」「もう，これ以上希望のない世界に突き落とさないでほしい」と訴えている20)。

また，教師が「がんばれ」という時には，普通の教師の成長モデルが暗黙のうちに意図されている。抽象学力を身につけることで報われる人生，それは「中流」の生き方である。この努力が報われたのは，「右肩上がり」の経済成長の恩恵があればこそである。「中流の安定」とは純粋に自分たちの努力の成果というよりも，努力ができる恵まれた環境や努力が地位を保証する幸運な時代の産物だ，と言ったほうが正確であろう。もう少しきびしいことを言えば，この実践記録の中学生が「とりあえず」がんばって高校に進学したとしても，その先に彼らを待ち構えているのは，非正規雇用が進み，労働基本権が存在しない「ブラック」な労働の現場なのである。こうなると，「とりあえず辛抱して高校だけは」という要求は行き詰まり，「夢をかなえよう」という叱咤激励は欺瞞だということになる。

ここに至って「つっぱり学習会」は，初等教育の「延長」ではなく，初等教育と「非連続で独自な」課題を担うことになる。それは，たとえば，「働く」現場・「働くための」ルール・「働く人の」つながりを学び合う広義の職業教育，「社会的弱者」が誇りをもって連帯できるための教養などを視野に入れた学びの構想となるだろう21)。この発想は，「つっぱり」がこれまで背負ってきた運命と今後背負うのであろう運命に向き合えるように，学校のカリキュラムを問いただす試みにつながっていく。学校のカリキュラムを相対化する地点に立つと，「つっぱり」だけでなく「ふつうの」生徒も，幸福とは自分の栄達なのか，働くとは個人の自己実現だけなのか，という問いに向き合うことになる。

この営みも「伴走」と形容しても良いだろう。だが，これまでの事例の困難さに鑑みると，「伴走」という課題は，普通の教師にとっては大変ハードルが高いように感じられる。教師こそ「中流」という単一の価値しか生きてこなか

80 第Ⅱ部 子どもの多様性と中等教育実践の課題

ったのだから，中流志向ではたち行かなくなる社会を「学び直す」ことは至難のように思えるからである。だが，教師が「学び直す」ことは，程度の差はあるにしても，これまでの日常の実践で行われてきたはずである。

　例えば，義務制の教育に話を広げてみても，すべての教師が豊かな少年期を「経験的に学んでいる」わけではない。そうだとすれば，子ども時代に「対等の関係」を学ぶことができなった教師は子どもを指導することができない，という理屈になるのだろうか。事実としては，そんなことはないだろう。また，生活指導実践とは，豊かな少年期という「財産」をもっている教師が，その財産を子どもに与えるという関係でもないだろう。学校に「息苦しさ」を感じている子どもの今を「鏡」として，教師は自分の子ども時代を見直すことができるのではないか。大人としての自分が「小さな自分」に出会うことで「がんばりすぎて疲れてしまった」小さな自分を癒すこともできるのではないか。その時に，自分の前にいる子どもの息苦しさがわかってくるのではないか。

　この営みを称して，教育実践における「救い」と呼ぶことも許されるだろう。教育（実践）の世界で教師が「救われる」という場合，「教職という仕事」によって救われるという意味と「子どもによって」救われるという意味，この二つが含まれている。「救い」とは多分にイメージ言語であり，「レトリック」である。よって，教育理論において厳密に規定されているとは言いがたい。しかし，教育実践で「救われる」という際には，両方とも肯定的なニュアンスが付与されていることは大事に受けとっておいたほうがよいと思う。

　そこで私は，試論的ではあるが，以下のような肯定的な意味で「救い」という用語を使ってみたいのである。ここでいう「救い」とは，教師が自分の過去に「おり合い」をつけ，子どもとともに少年期や青年期を「生き直す」経験をして，「成熟した」おとなに向かう機会に恵まれたという意味である。

<注>
1)「運命を背負ってのりこえる」ことについては，たとえば，全生研常任委員会編
　（1991）『学級集団づくり入門 中学校編（新版）』p.41, 明治図書出版. 竹内常一（1994）

『学校ってなあに』p.301，青木書店．竹内常一（2003）『おとなが子どもと出会う とき』p.153，桜井書店。

2) 竹内常一（1995）「はじめに ⅹⅴ」，『竹内常一教育のしごと 第2巻（集団論）』 青木書店．

3) 白石陽一（2012）「教育実践記録の「読み方」」，『熊本大学教育学部紀要．人文科学』 (61)，pp.97-108，熊本大学．白石陽一（2013）「教育実践記録の「読み方」(2)─「文 学理論」を参考にして」，『熊本大学教育学部紀要』(62)，pp.109-120，熊本大学． 私は，実践記録を読む際には「分析」「解説」という用語ではなく，実践「批評」 という用語を使っている。この理由についても上記の拙論を参照されたい。

4) 竹内常一（1994）『学校ってなあに』pp.288-303，青木書店．

5) 同上書，p.301．

6) 依存症の自助グループで唱和される「平安の祈り」に依拠している（斎藤学（1998） 『魂の家族を求めて』p.98，小学館）。出典は，アメリカの神学者，ラインホルド・ ニーバーという説もある（佐高信（2007）『魯迅烈読』p.82，岩波書店）。

7) 竹内常一（1998）『子どもの自分くずし，その後』p.11，太郎次郎社．

8) 竹内常一（1983）『若い教師への手紙』p.65，高文研．

9) だからといって，遍歴を「するべきだ」と推奨しているわけではない。それは「不 登校になってよかった」とはいえない理路と似ている。不登校も遍歴も，自分か ら進んで選んだわけではないからである（貴戸理恵・常野雄次郎（2012）『不登校， 選んだわけじゃないんだぜ！（増補）』イーストプレス）。

10) 内田樹（2006）『子どもは判ってくれない』p.29，p.164，p.330，文藝春秋．

11) 帚木蓬生（2017）『ネガティブ・ケイパビリティ』p.3，pp.185以下，朝日新聞出版．

12) 中井久夫（2011）『「つながり」の精神病理』pp.237-248，筑摩書房．

13) 中井久夫（2011）『「思春期を考える」ことについて』p.78，筑摩書房．

14) 同上書，p.78．

15) 中井久夫（2009）『精神科医がものを書くとき』p.60，筑摩書房．「高度な平凡性」 については，斎藤環（2015）「常識としての『小文字の精神療法』」，統合失調症 のひろば編集部編『こころの科学 中井久夫の臨床作法』pp.68-71，日本評論社．

16) 内田樹『死と身体』p.94，医学書院．

17) 同上書，pp.92-108．

18) 藤田幸子（1992）『さびしがりやの女の子たちの性と愛』pp.19以下，pp.24以下， 学事出版．

19) 竹内常一（2003）『おとなが子どもと出会うとき』pp.141-153，桜井書店．

20) 竹内常一（2005）「巻頭言 教えと学びの交響する教室へ」，竹内常一編著『授業 づくりで変える高校の教室 2 国語』pp.6-9，明石書店．

21) 白石陽一（2010）「「自己責任」論の克服と「働くルール」の学び合い」，日本教 育方法学会編『教育方法39 子どもの生活現実にとりくむ教育方法』図書文化社．

2 多様な文化的背景の子どもたちと 中等教育実践の課題

武蔵大学 **金井 香里**

❶ はじめに

　2019年4月1日施行の改正出入国管理及び難民認定法（以下，改正入管法）では，新たに特定技能という在留資格が設けられ，今後5年間で技能実習生からの資格変更者も含め，最大で約34万5千人の外国人労働者の増加が見込まれている。今や，日本は「移民元年」と呼ぶにふさわしい歴史的な転換を迎えた（毛受，2019，p.27）。しかしいうまでもなく，外国人労働者の事実上の受け入れも，日本で暮らす人々の多国籍・多言語・多民族状況も，今に始まったことではない。2018年末の時点で，日本では約273万1千人の在留外国人が暮らし（法務省入国管理局，2019），総人口のおよそ2.16％を占めている。在留外国人には，在日コリアン，在日中国人といった旧植民地出身者を中心とした日本に長く定住する外国人とその子孫（オールドタイマーまたはオールドカマー），1970年代頃から就労や留学等さまざまな経緯や事由で来日するようになったニューカマー（新来外国人）とその第二，第三世代等が含まれている。

　学校に目を向ければ，社会に暮らす人々と同様に，多様な文化的背景の子どもたちが学んでいる。2018年5月1日時点で，公立学校（小，中，高校のほか，特別支援学校，中等教育学校，義務教育学校をふくむ）に在籍する外国籍の子どもの数は，93,133人に上る（文部科学省，2018）。この数は，直近の過去十年余りの間でも，2008年秋のリーマンショック，2011年春の東日本大震災および原発事故の後，いったんは減少したものの着実に増加し，5年前の2013年の総数71,789人に対して約1.3倍となっている。

　本稿では，日本の公立学校で学ぶ多様な文化的背景の子どもたちのうちでも，

2　多様な文化的背景の子どもたちと中等教育実践の課題　83

とりわけニューカマーに着目することにしたい。ニューカマーとは，先述の通り，アジアや南米地域を中心とする諸外国よりさまざまな事由や経緯で来日した外国人とその家族を指している。ニューカマーの数は，定住者の在留資格が創設された1989年改正の入管法の施行以降，日系南米人を中心に急増した。ニューカマーのうちには家族そろって来日したり，来日後家族を祖国より呼び寄せたりする者も少なくなく，帯同した家族のうち就学年齢の子どもたちの中には公立学校に通う者がいる。近年では，外国の学校から転校してくる子どものほか，ニューカマーの両親のもと日本で生まれ育つ子ども，両親のいずれかがニューカマーである国際結婚による子ども（国際児，ハーフ，ダブルと呼ばれる）も増え[1]，子どもたちの文化的背景の様相は一層多様化している。

　さて，本稿では，中等教育段階，すなわち中学校と高校の学齢期にあたるニューカマーの子どもたちに対する教育に焦点をあてるが，とりわけ日本で暮らすニューカマーの定住化の現状を考慮し，中学校での子どもたちの学習の経験と進路形成に着目することにしたい。近年，日本で暮らす外国人のうち，一般永住者の資格をもつニューカマーは著しく増え，今後定住していく可能性の高い在留諸資格（定住者，日本人の配偶者等）を保有するニューカマーとあわせると，在留外国人全体の三分の二を占めている（宮島，2014，p.2）。さらに，今回施行された改正入管法で新設された特定技能は1号と2号の二種類からなり，試験に合格し特定技能2号を取得した者は，在留期間の上限がなくなるのに加え家族の呼び寄せも可能となり，文字通り，「定住への道」がひらかれる。こうした状況を踏まえると今後，ニューカマーの子どもの教育についても定住化を見据えた議論を行わなければならなくなることは必至であり，その意味でも，子どもたちの学力保障と義務教育修了後の進路保障をめぐる議論は一層重要になるものと考えられる。そこで以下では，中等教育段階のうちでもとりわけ中学校におけるニューカマーの子どもの学習経験ならびに進路形成にかかわる実態を概観し[2]，そのうえで，中等教育実践をめぐる課題について検討することにしたい。

84 第Ⅱ部 子どもの多様性と中等教育実践の課題

❷ 中等教育段階のニューカマーの子どもたちの実態

❷ではまず，日本の公立中学校や高校で学ぶニューカマーの子どもたちの実態について確認しておきたい。ただし，日本ではこれまで外国籍の子どももしくは外国につながる子どもたちの就学の実態や学力，上級学校への進学状況に関する全国的な調査は行われておらず[3]，子どもたちの実態はみえにくい。一部の地方自治体やその他団体，研究者によって特定の地域における特定の出身国の子どもたちの就学の実態や進学状況に関する調査（もしくは推計）が行われていることから，それらを参照していくことにする。

（1）子どもたちへの日本語指導：学習上の困難

ニューカマーの子どもたちについて知ることのできる唯一ともいえる全国調査は，文部科学省により1992年から開始された「日本語指導が必要な児童生徒の受入状況等に関する調査」である。この調査によれば，2016年5月1日時点で，公立中学校では8,792人（学校数は2,114校，以下に同じ），高校2,915人（419校），義務教育学校（中学校にあたる後期課程）108人（11校），中等教育学校52人（1校），特別支援学校では113人（中学部56人，高等部57人，91校）の日本語指導の必要な外国籍の子どもたちが学んでいる。この数は，中学校で学ぶ外国籍の子どもたち（オールドタイマーを含む）の約42.5％，高校で学ぶ外国籍の子どもの約32.5％にあたる。子どもたちの居住する地域は，愛知，神奈川，東京，静岡，大阪，三重，埼玉といった一部の都府県に集中する傾向がみられるものの，全国におよんでいる。子どもたちの母語は，多い順に中学校では，中国語（26.9％）[4]，ポルトガル語（24.8％），フィリピノ語（18.9％），スペイン語（9.9％），ベトナム語（4.4％），高校では，中国語（33.2％），フィリピノ語（26.0％），ポルトガル語（15.0％），スペイン語（7.4％），ベトナム語（2.3％）となっており，以上の5言語が8割を占めている（文部科学省，2017）。

日本語指導を必要とする子どもたちに対する指導のありようは，各自治体，各学校，各教師によって異なっている。自治体の多くでは，各学校で日本語指

導を必要とする子どもの数が一定数に達すると加配教員を配置し，日本語学級を設置している。子どもたちは自身の在籍学級で通常の授業を受けながら特定の教科の授業時間帯に日本語学級に通い，そこで日本語指導や通常学級での授業の補習を受ける。ただし，日本語指導の必要な子どもたちの全員が，このような指導を受けることができているわけではない。日本語指導を受けている子どもは，2016年5月時点で中学校で73.5%，高校では72.9%にとどまっている（文部科学省，2017）。

本調査において「日本語指導が必要な児童生徒」とは，「「日本語で日常会話が十分にできない児童生徒」及び「日常会話ができても，学年相当の学習言語が不足し，学習活動への参加に支障が生じており，日本語指導が必要な児童生徒」を指す」とされ，これに該当する子どもたちは少なくとも学習上困難を経験していることが推測される。加えて，日本語指導が必要か否かの判断は各学校に委ねられていることから，教室で授業に参加するにあたって困難を経験している子どもは，実際にはこれ以上いるものと考えられる。

(2) 中学校における就学状況：不就学の問題

日本では，日本国憲法第26条，教育基本法第4条に依拠し，教育を受ける権利も，保護する子どもに負う就学の義務も，国民固有の権利であり義務であると解釈されている。これによれば，外国籍をもつニューカマーには教育を受ける権利も就学の義務もない。しかしながら日本が1994年に批准した「児童の権利に関する条約」（1989年国連総会で採択，1990年発効）第28条により，文部科学省は，「外国人がその保護する子を公立の義務教育諸学校に就学させることを希望する場合には，これらの者を受け入れることとしており，受け入れた後の取扱いについては，授業料不徴収，無償で受け入れ」「教科書の無償給与や就学援助を含め，日本人と同一の教育を受ける機会を保障」（文部科学省，2016，p.12）するとしている。

以上のように文部科学省による公立中学校への受け入れの方針は定められているものの，中学校の学齢にあたる子どもたちの就学の実態はよくわかっていない。不就学の子どもが一定数存在することも，これまでたびたび指摘されて

86　第Ⅱ部　子どもの多様性と中等教育実践の課題

きた。公立中学校に在籍する外国籍の子どもは，外国籍を保有する12-14歳の人口の66％に過ぎないという推定もある（宮島，2014，p.16）。残りの子どもたちのうち一定数は各種学校ないし私塾にあたる民族学校や外国人学校に在籍していると考えられるものの，いずれの学校にも在籍しない子どもが一定数いる可能性がある。あるいは，2005年から2006年にかけて南米出身の日系人のニューカマーの集住する12の自治体（滋賀県のほか，神戸市，豊田市，太田市，姫路市等11市）が行った小中学校の就学年齢のニューカマーの子どもたちの不就学の実態調査（文部科学省，2006）によれば，公立学校で学ぶ子どもは60.9％，外国人学校等で学ぶ子どもは20.5％であり，全体のおよそ8割の子どもたちはいずれかの学校に在籍していた。その一方で，不就学者は1.1％，転居・出国等による不明は17.5％であり，不明に該当する子どもたちのうちには不就学の子どもも含まれている可能性がある。日系人の就労形態は非正規雇用等不安定な場合が多く，親の度重なる転職によって転居を重ねるうちに，学習についていけず学習意欲を失ったり，学校に友人や居場所をもてなかったりして，転居後も転校届を出さないまま不就学になる子どもが少なくないからである。

　このほかにも，子どもの不就学にはいくつか背景が考えられる。一つは，何らかの事情でそもそも就学の機会をもつに至らない場合である。就学案内が送付されたものの親がオーバーステイの発覚を恐れるなどして教育委員会への申し出を断念する場合が，これにあたる。いま一つは，いったんは学校に籍を置き通学を始めながら，諸事情によって長期欠席するようになり，退学もしくは除籍となる場合，いわば中学校中退である。後者の具体的な事情については，のちに触れることにしたい。

（3）高校への進学

　通信制を含めた高校への進学率が中学校卒業者の98％前後となった昨今にありながら，公立中学校を卒業したニューカマーの子どものうち高校に進学する者の割合は，それよりも明らかに少ない。外国籍の子どもの高校進学率は，中学校在籍者の6割程度にとどまり，高校在学年齢の外国籍の子どもたちのう

2 多様な文化的背景の子どもたちと中等教育実践の課題　87

ち高校に在籍する外国籍の子どもの割合は，30％前後に過ぎない（宮島，2014,
p.18）。そして高校での子どもたちの在学状況は，子どもの国籍ごとにばらつ
きがある。16 〜 17歳人口の国勢調査をもとに国籍別の高校在学率を出した鍛
治（2011）によれば，日本が90 〜 95％であるのに対し，中国は75％，ペルー
は50％，フィリピンは40 〜 45％，ブラジルは30 〜 35％である（pp.38-40）。

　近年，当事者である子どもたちの意識の変化，少子化による日本人の子ども
たちの減少，教育委員会や高校による制度的対応によって，ニューカマーの子
どもの高校への進学率は引き上げられてきている（宮島，2014，p.132）。しか
しその内実には，必ずしも問題がないわけではない。例えば，趙（2010）によ
れば，中国系ニューカマーの子どもたちの進学先を高校別でみてみると，子ど
もたちは，入学しやすい高校ランクにある定時制や通信制高校，課題集中校に
進学する傾向がある。入試選抜による高校への進学は，ニューカマーの子ども
にとって「相変わらず大きな関門」となっている（p.12）。あるいは鍛治（2007）
は，大阪に居住する中国帰国生（中国残留孤児ないし残留婦人が日本に永住帰
国する際に同伴した家族で，学齢期にあたる子どもたち）のうち，中学校の就
学年齢で来日する子どもにとって中位以上の高校（偏差値40以上の全日制高
校）に進学するのは容易ではなく，半数弱が定時制や下位校に進学する一方，
半数弱は（中学校中退も含め）高校には進学していないと指摘する（pp.337-338）。

　一方，自治体（都道府県等）によっては高校入試に際して外国籍の子どもや
中国帰国生徒等を対象に特別の対応をとるところも出てきている。こうした対
応には，入試特別措置（一般入試の際に時間延長，漢字へのルビ振り，辞書の
持ち込み許可等，何らかの措置を施すこと。以下，特別措置），特別入学枠（特
定の高校に，外国籍の子どもや中国帰国生徒を対象とした入学枠を設け，特別
な試験を受けられるようにした際の枠。以下，特別枠）があり，これらを設け
る自治体はこの10年あまりで増加した。例えば，2018年現在，全日制高校の
入試については，全日制の公立高校のある全60の自治体のうち，外国籍の子
どもに対して42の自治体で特別措置を，26の自治体で特別枠を設けている（外
国人生徒・中国帰国生徒等の高校入試を応援する有志の会［以下，有志の会］，

88　第Ⅱ部　子どもの多様性と中等教育実践の課題

2019）5）。ただし，それぞれの対応の詳細は自治体ごとに異なり，いずれの措
置をも設けない自治体もある6）。さらに，こうした措置を設けている自治体の
すべてが，入学後，子どもたちに対して日本語の指導や教科の補習指導を行っ
ているわけではない7）。

❸　学業達成（学業継続）と進路形成をめぐる子どもたちの困難

　総じて，日本語を母語としないニューカマーの子どもたちにとって，中等教
育段階において学業を継続し進路を形成するにあたっては，さまざまな困難が
伴っているものと推測される。筆者はかつて，小中学校で学ぶニューカマーの
子どもたちの学業不振の背景を，言語（日本語，母語）操作能力，子どもの置
かれた地域的文脈（家族），学校文化および教師という三つの観点で整理した
（金井，2004）。当時に比べ，とりわけニューカマーの集住する地域では，自治
体レベルで子どもたちを対象とする言語指導の対応が講じられるようになり，
学校でも子どもたちの文化的背景に対する理解と配慮が進み，かつてに比べ子
どもたちの置かれた状況は改善されているようである。しかしその一方で，子
どもたちのうちには，先述の文部科学省（2017）の調査結果にもあったように，
学校で日本語の指導を十分に受けることなく過ごし，学習に必要な「学習思
考言語」8）（太田，2002）としての日本語を習得することのないまま授業を受け，
学習困難に陥っている者もいる。とくに中学校では教科担任制となり，各教科
の学習内容がより専門化するとともに，定期試験が実施されるようになる。子
どもたちにとって，漢語，故事来歴，文学などに由来する日本語を理解しそれ
を用いて学習することや，知識の再生や抽象的思考の求められる客観テストを
中心とした定期試験に日本語で臨むことは，日本語を母語とする子どもたちと
比較して容易でないことは想像に難くない。非漢字圏出身の子どもたちにとっ
ては，なおさらに困難であると考えられる。

　あるいは，子どもたちは中学校の教育課程への適応という点でもさまざまな
困難を経験している9）。中国から日本の中学校へ転入したニューカマーの中学

生の適応過程についてフィールド調査をもとに検討した潘（2015）によれば，中国出身の子どもたちは日本の中学校で初めて保健体育，技術・家庭といった教科学習，部活動をはじめとする特別活動を経験している。そのうち体育の授業は，子どもたちにとって学校適応を困難にする一因になっている。中学生は第二次性徴期を迎え，身体の変化を経験する。このことも相まって，授業ごとの着替えはもとより，人前で走るという行為，体育で行われる水泳とそのための着替え等，これら一つ一つが子どもたちにとって戸惑いや抵抗を生み出し，授業をさぼったり，体育の授業のある日を欠席したりする一因となっている。

　体育の授業をめぐる戸惑いや抵抗は，南米出身の子どもたちにおいてもよくきかれる。学校を欠席することが度重なれば，やがて授業についていくことは困難になる。学校を欠席しがちになった子どもたちのうちには，やがて不登校となり，学校から完全に離れ，早期に就労する者もいる。ブラジル出身の若者たちの進路選択の過程を聴き取り調査によって明らかにした児島（2013）によれば，さまざまな事情で中学校に居場所を失い学校から離脱（不登校や高校進学の非選択）した子どもたちは，学校からの離脱によって余儀なくされた「無為な日常からの「脱出」」を可能にする選択肢として能動的に就労を選び取り，消費社会へと組み込まれていく。

　むろん，中学校ではニューカマーの子どもたちに対しても進路指導が行われている。しかし公立中学校の国際教室（日本語学級にあたる）で教師や学習支援ボランティアらによる進路指導のありようをフィールド調査によって検討した山﨑（2005）によれば，その指導は，子どもの学業成績に見合った「行ける高校」への進学それ自体を子どもの将来の目標とするものであり，子どもが高校進学後の意義として高校での学びや将来の職業について考えることについては考慮されていなかった。また，指導の声かけでは，子どもの希望する高校を諦めさせるためには，子どもの本当の能力を評価していない現行の学業成績の評価方法に言及する一方，「行ける高校」への入学後には自身の文化的背景ゆえにもつ（日本人の子どもとは異なる）文化資本によって本当の能力が開花し将来の選択肢は増えることを強調する傾向が見受けられたという。

90 第Ⅱ部 子どもの多様性と中等教育実践の課題

　これまでの議論を踏まえると，ニューカマーの子どもたちが中学校での学習ならびに進路形成をめぐって経験しているのは，肯定的な（positive）アカデミック・アイデンティティ[10]を形成し難い事態ということができる。アカデミック・アイデンティティとは，学業達成をめぐる自己の価値についての認識であり，学業を継続し達成するにあたっては肯定的なアカデミック・アイデンティティをもち得ていることが必要不可欠である。しかしながら子どもたちは，日々の学習への取り組みはもとより定期試験，進路指導では，自己について専ら否定的な価値づけをなされるのみで，ましてや自らの文化的背景ゆえにもつ文化的な豊かさが日々の学習との関連で肯定的に価値づけされることもない。肯定的なアカデミック・アイデンティティを形成しにくい状況にあるのである。

❹　中等教育段階の子どもたちに対する教育実践をめぐる課題

　ニューカマーの子どもたちが肯定的なアカデミック・アイデンティティを形成し維持できるようにするためには，より効果的な言語（日本語，母語）指導や補習を通じて子どもたちの学習上の困難を解消し，定期試験でも高得点をとれるようにすることが挙げられる。言語指導はそれ自体，大きな意義がある。しかし，言語指導だけに解決を求めることには，限界がある。というのも，こうした方法のみでは，子どもたちの経験している学習困難があくまでも子どもの側の問題であることを正当化する（legitimating）ことに加担するばかりであるからである。カミンズ（Cummins, 2001）は，子どもたちのアカデミック・アイデンティティに大きく作用を及ぼす要素の一つとして評価形態に着目し，米国におけるマイノリティの子どもたちに対する従来の評価のあり方は，マイノリティの子どもたちの経験している学習困難を子どもの側の問題として正当化することに加担するばかりで，そこから既存の学校プログラム，教室での教授形態，学校と地域の関係のあり方などを批判的に吟味するといった動きは生み出されなかったと指摘している。カミンズは，既存の評価形態に代わって，子どもたちに対して擁護的（advocacy）立場をとる評価のあり方を追究するよ

2　多様な文化的背景の子どもたちと中等教育実践の課題　91

う主張する。擁護的立場からの評価形態のもとで子どもたちの学業不振という
問題は，むしろ社会における人種・民族間，社会階層間の権力関係や，学校や
教室での子どもの経験やアカデミック・アイデンティティのありようへと位置
づけられ，教授のあり方そのものが問われることになる（p.223）。

　日本においてニューカマーの子どもに対する評価のあり方を変えていこうと
すれば，一つには，各学校での定期試験の実施において特別の措置を設けるこ
と，すでに自治体ごとに導入されている特別措置および特別枠といった高校入
試における制度的対応を国レベルで一層充実化することがあげられる。こうし
た対応によって，一定の効果は見いだされよう。しかしこれらは，あくまでも
定期試験ないし入学試験という評価の機会に際して困難を抱える子どもたちに
対する補償的な対応であり，擁護的な立場からの対応とはいい難い。

　それでは，擁護的な立場からの子どもたちへの評価のあり方についてどのよ
うに考えたらよいだろうか。とりわけ学校で授業を通じてニューカマーの子ど
もと日々かかわる教師が実践を通じて行い得ること，行うべきこととは，何で
あろうか。子どもたちは，学校生活を通じてとかく日本語の運用能力やさまざ
まな文化の差異によって，「できない」「遅い」といった経験を重ね，アカデミ
ック・アイデンティティを維持することが困難になりがちである。加えて授業
では，子どもがその文化的背景ゆえにもつ能力（例えば，母語の運用能力）や
知識（母国の文化や地理歴史，宗教など），経験（母国から日本への移動とい
う経験，異文化での生活経験など）が価値あるものとして子ども自身によって
認識されたり，教師や仲間から認められたりする機会はほとんどない。教師が
擁護的立場からニューカマーの子どもを評価するということは，その子どもな
らではのこうした能力や知識，経験を，豊かさとして子ども自身が認識したり，
教師や仲間が認めたりする機会を組織することによって可能となる。

　こうした実践を組織するための糸口を，ここでは，二つあげることにしたい。
一つは，各教科の授業をはじめ学校行事など，さまざまな教育活動のなかで「文
化的に適切な教育」（culturally relevant teaching; Ladson-Billings, 2009 ほか）の発
想[11]）をとり入れた実践をデザインすることである。「文化的に適切な教育」では，

文化的マイノリティの子どもたちの文化的要素を教育の実践にとり入れ，子どもたちの知識，技能，態度を形成し，子どもを知的，社会的，情緒的，政治的にエンパワーしようとする（Ladson-Billings, 2009, pp.19-20）。

　いま一つは，前述の「文化的に適切な教育」の実践とも関連して，構成主義的な（constructivist）見地から授業を組織することである。授業ではプロジェクト型の活動をとり入れるなどして，子どもたちが自らの知識や経験，技術などを活用しながら表現活動や作品づくりに取り組めるようにする。そこでは知識は，教師から子どもたちへと一方向的に伝達されるものとしてよりむしろ教師と子どもたち，子どもたち相互で吟味され構成されるものとして位置づけられ，ニューカマーに限らずすべての子どもの知識や経験の多様性が豊かさとして価値づけられる。

　中等教育段階のニューカマーの子どもの学業達成，進路形成をめぐって取り組むべき課題は山積している。今後，理論および実践事例の両側面からこの課題に関わる研究を蓄積していく必要がある。

＜注＞
1) 厚生労働省（2018）によると，2017 年に日本で生まれた子どものうち国際児は全体の 1.9％を占める。この割合は，2000 年以降 2％前後を推移しており，1990 年の 1.1％に対しておよそ 1.7 倍となっている。
2) とはいえ，中学生のニューカマーの学習経験と進路形成を扱った先行研究は，筆者の管見の限り僅少である。同様に数少ない高校生のニューカマーに関する先行研究には，広崎（2007），志水（2008），坪谷（2015）等がある。
3) 2019 年 6 月，文部科学省は外国籍の子どもたちへの教育の充実のための支援策を公表し，今後，子どもたちの就学状況に関する初の全国調査を実施するとしている。
4) （ ）内は，全体に占める割合。以下に同じ。
5) 地域によって外国籍の子どもと中国帰国生徒では対応が異なるところもある。中国帰国生徒の場合，特別措置は 42 自治体，特別枠は 27 自治体である。
6) 有志の会（2019）によれば，2019 年度の高校（全日制，定時制）入試で外国籍生徒および中国帰国生徒の両方に対して特別措置および特別枠を設けているのは，神奈川県，茨城県，山形県，鹿児島県，長崎県，福岡市の 6 自治体，いずれの制度も設けていないのは，石川県，高知県，さいたま市の 3 自治体である。

2　多様な文化的背景の子どもたちと中等教育実践の課題　93

7) 高校進学を果たした場合でも，その後，学業を継続することは必ずしも容易では
なく，中途で退学する者もいる。2017 年度には日本語指導の必要な高校生のうち
9.61％が中途退学しており，その割合は，全国の公立高校生の中退率 1.27％（2016
年度）に比べれば，極めて大きい（朝日新聞，2018）。こうした中途退学率の高
さには，高校進学を果たした子どもたちへの支援の不十分さが少なからず影響し
ているものと考えられる。

8) 言語それ自体のほかには言語の意味内容を理解する手助けとなる非言語要素のな
い（または少ない）文脈で用いられる言語であり，抽象的な思考に必要な言語能
力とされる。

9) 逆に，出身国・地域と日本の教育課程の違いが，特定の教科学習では有利に働く
場合もある。日本に比べ，中国では数学，フィリピンでは英語の進度が速いため，
日本語を基盤としないこれらの教科は当該国から来日間もない子どもにとって強
みとなり得る。ただし，やがて未修事項を学習するようになると困難を経験する
可能性は否めない（坪谷，2015，p.10）。

10) カミンズ（Cummins, 2001）は，個人のアイデンティティ（自己概念）にはさま
ざまな様相があるとしたうえで，経験を通じて変化しやすいアイデンティティの
様相の一つとして，知能や学業達成，才能，魅力をめぐる自らの価値についての
意識を挙げる（p.16）。

11) 米国で展開されている「文化的に適切な教育」に関する議論については，金井
（2017）を参照されたい。

＜参考文献＞

・朝日新聞（2018）「日本語指導が必要な生徒，高校の中退率 9％超 公立校平均の 7 倍」
2018 年 9 月 30 日付朝刊.

・太田晴雄（2002）「教育達成における日本語と母語」，宮島喬・加納弘勝編『変容
する日本社会と文化』pp.93-118，東京大学出版会.

・外国人生徒・中国帰国生徒等の高校入試を応援する有志の会（2019）「都道
府県立高校における外国人生徒・中国帰国生徒等に対する 2019 年度高校入
試の概要」，（https://www.kikokusha-center.or.jp/shien_joho/shingaku/kokonyushi/
other/2018/190423houkokushoA2.pdf ［2019 年 4 月 29 日取得］）.

・鍛治致（2007）「中国出身生徒の進路規定要因─大阪の中国帰国生徒を中心に─」，
『教育社会学研究』80，pp.331-349，日本教育社会学会.

・鍛治致（2011）「外国人の子どもたちの進学問題」，移住連貧困プロジェクト編『日
本で暮らす移住者の貧困』pp.38-46，現代人文社.

・金井香里（2004）「日本におけるマイノリティの学業不振をめぐる議論」，『文部科
学省 21 世紀 COE プログラム 東京大学大学院教育学研究科 基礎学力研究開発セン
ター ワーキングペーパー』10.

- 金井香里（2017）「多様な文化的背景の子どもたちに対する教育に関する研究の動向と今後の課題」，日本教育方法学会編『教育方法 46　学習指導要領の改訂に関する教育方法学的検討』pp.151-162，図書文化社.
- 厚生労働省（2018）「人口動態調査」.
- 児島明（2013）「ニューカマー青年の視点に立った移行支援の可能性：在日ブラジル人青年の「自立」への模索を手がかりに」『異文化間教育』（37），pp.32-46，異文化間教育学会.
- 志水宏吉編著（2008）『高校を生きるニューカマー』明石書店.
- 趙衛国（2010）『中国系ニューカマー高校生の異文化適応』御茶の水書房
- 坪谷美欧子（2015）「外国につながる生徒による日本の高校での学びの意味づけと「成功」の変容：中国人およびフィリピン人生徒を中心に」，『三田社会学』（20），pp.6-21，三田社会学会.
- 潘英峰（2015）『思春期ニューカマーの学校適応と多文化共生教育』明石書店.
- 広崎純子（2007）「進路多様校における中国系ニューカマー生徒の進路意識と進路選択：支援活動の取り組みを通じての変容過程」『教育社会学研究』80，pp.227-245，日本教育社会学会.
- 法務省入国管理局(2019)「平成 30 年末現在における在留外国人数について」, (http://www.moj.go.jp/nyuukokukanri/kouhou/nyuukokukanri04_00081.html ［2019 年 7 月 31 日取得]).
- 宮島喬（2014）『外国人の子どもの教育』東京大学出版会.
- 毛受敏浩（2019）「移民「元年」課題と展望」，『世界』（918），pp.27-30，岩波書店.
- 文部科学省（2006）「外国人の子どもの不就学実態調査の結果について」, (http://www.mext.go.jp/a_menu/shotou/clarinet/003/001/012.htm ［2019 年 4 月 1 日取得]).
- 文部科学省（2016）「日本語能力が十分でない子供たちへの教育について」, (https://www.kantei.go.jp/jp/singi/kyouikusaisei/dai35/sankou1.pdf ［2019 年 4 月 1 日取得]).
- 文部科学省（2017）「日本語指導が必要な児童生徒の受入状況等に関する調査」(平成 28 年度) の結果について，(http://www.mext.go.jp/b_menu/houdou/29/06/__icsFiles/afieldfile/2017/06/21/1386753.pdf ［2019 年 4 月 1 日取得]).
- 文部科学省（2018）「学校基本調査」.
- 山﨑香織（2005）「新来外国人生徒と進路指導：「加熱」と「冷却」の機能に注目して」，『異文化間教育』（21），pp.5-18，異文化間教育学会.
- Cummins, J.（2001）*Negotiating Identities: Education for Empowerment in a Diverse Society*, 2nd Ed., Los Angeles: CABE.
- Ladson-Billings, G.（2009）*The Dream Keepers: Successful Teachers of African American Children*, 2nd Ed., San Francisco, Jossey-Bass.

3 性の多様性をめぐる授業実践の課題と展望

四天王寺大学 **永田 麻詠**

❶ 中等教育段階の子どもの実態

　今日，日本ではLGBTなど，性的マイノリティ[1]とされる児童生徒への教育的課題が注目されるようになった。2019年から使用されている中学校「特別の教科 道徳」の教科書では，8社中4社が性の多様性を取り上げているという。これまでは高等学校の家庭科や公民など一部の教科書のみで取り上げられていた性の多様性が，義務教育段階の教科書で見られるようになったことは，学校教育における性の多様性への対応が，喫緊の課題とされている証左であろう。では，性的マイノリティとされる子どもは中等教育段階をどのように過ごし，性の多様性をめぐって中等教育段階にどのような問題が生じているのだろうか。

　中塚幹也らが2004年に報告した調査によれば，岡山大学病院ジェンダークリニックを受診した性同一性障害者[2] 329例のうち，FTM（Female to Male：身体の性は女性で心の性は男性）の8割が就学前に，MTF（Male to Female：身体の性は男性で心の性は女性）の6割が小学校高学年までに性別違和を認識することがわかっている。「性別違和感は，物心がついた頃から始まる場合が多く，約九割が中学生までに性別違和感を自覚して」（中塚，2017a, p.49）いるという。

　また，「いのちリスペクト。ホワイトリボン・キャンペーン」が2014年に発表した，LGBT当事者への調査結果では，自らがLGBTかもしれないと気づいた時期について，性別違和のある男子で就学前（25%），性別違和のある女子で中学1年生（18%），非異性愛男子で中学1年生（25%），非異性愛女子で中学2年生（18%）がもっとも多いと報告されている。

　さらに日高庸晴によると，男性同性愛者および男性両性愛者対象の調査から，

自らの性的指向に気づく時期は13歳頃が多く，自殺念慮率などが高いと指摘されている。日高（2015）は調査結果から，「ゲイであることをなんとなく自覚した」のは平均で13.1歳，「「同性愛・ホモセクシュアル」という言葉を知った」は13.8歳，「異性愛者ではないかもしれないと考えた」は15.4歳，「自殺を初めて考えた」は16.4歳，「ゲイであるとはっきり自覚した」は17.0歳，「自殺未遂（初回）」は17.7歳であると述べる。かれらは，「性的指向に関する苦悩や葛藤，関心を引き起こすようなライフイベントを中学校・高校の学齢期に集中して経験して」（日高，2015，p.69）いる。

　自殺念慮については中塚（2017a）も，性同一性障害者の最初のピークが思春期である中学生頃であること，要因として第二次性徴によって望まない性の特徴が身体に表れたり，制服の強要や恋愛で悩んだりすることなどがあると言及している。特に，思春期のFTM当事者には，月経時に「自殺したい」「内臓を掻き出したい」などと話す子どもがいるという（中塚，2017a，p.132）。なお，性同一性障害者の自殺念慮の第2のピークは，「社会への適応が求められる大学生・社会人になってから」（中塚，2017a，p.52）だという。

　このような実態がみられるなか，学校ではさまざまな問題が起こっている。「いのちリスペクト。ホワイトリボン・キャンペーン」の調査では，小学校から高校時代における友人や同級生によるLGBTなどへの不快な冗談やからかいを，回答者全体の84％が経験していることがわかっている。また，いじめや暴力のピークは中学時代であり，性的マイノリティとされる子どもの68％が「身体的暴力」「言葉による暴力」「性的な暴力」「無視・仲間はずれ」のいずれかを経験したことがあるという。そして，その内訳は「言葉による暴力」が53％でもっとも高いと報告されている。特に性別違和をもつ男子へのいじめは長期化しやすく，深刻な被害を受ける傾向にあることも示されている。加えて，いじめの加害者は「同性の同級生」とする回答がもっとも多いものの（男性85％，女性80％），担任教員という回答も12％みられる。

　以上のことから性的マイノリティとされる子どもは，中等教育段階ではすでに自らの性自認や性的指向を認識しているということができる。また，第二次

性徴がみられる思春期だからこその苦悩があり，自殺念慮率が高いとされている。性の多様性をめぐる中等教育段階の問題としては，不快な冗談やからかいの存在，いじめや暴力のピークがあげられる。特に，いじめの加害者として担任教員があげられている点は注視すべきである。こうした中等教育段階でみられる問題は，薬師実芳が指摘する「LGBTであることを自身で批判的に捉えること，他者から否定的に捉えられることは自尊感情の低下につながりやすい」（薬師，2015，p.10）ことそのものであるといえよう。

❷ 学校教育における取り組み

　性的マイノリティとされる子どもの自尊感情の低下，その契機となる思春期としての苦悩，周囲の不快な冗談やからかい，いじめや暴力といった問題に対し文部科学省は，2010年に「児童生徒が抱える問題に対しての教育相談の徹底について（通知）」を発表し，性同一性障害のある学習者について「児童生徒の不安や悩みをしっかり受け止め，児童生徒の立場から教育相談を行うこと」を求めている。2015年には，「性同一性障害に係る児童生徒に対するきめ細かな対応の実施等について」という通知を告示し，「いわゆる「性的マイノリティ」とされる児童生徒全般」を対応の対象とすることを明示した。2016年には「性同一性障害や性的指向・性自認に係る，児童生徒に対するきめ細かな対応等の実施について（教職員向け）」という対応の手引きを発表し，性同一性障害のある児童生徒とともに，同性愛や両性愛といった多様な性的指向や性自認のある児童生徒への対応を学校に求めている。このように文部科学省は性的マイノリティとされる子どもが直面する問題を鑑みながら，教育相談や生徒指導への提言を行っている。

　一方，学校教育では特に人権教育や性教育として，道徳，学級活動，特別活動，総合的な学習の時間などにおいて，授業を通した取り組みがみられるようになった。それは不快な冗談やからかい，いじめや暴力などの問題から，性の多様性をめぐる取り組みは，性的マイノリティとされる子どもだけでなく，す

べての児童生徒にとって必要であるという認識からである。

　例えば渡辺大輔らは中学3年生を対象に，学級活動として性の多様性に関する授業を行っている（渡辺ほか，2011）。この授業では，「同性愛や性同一性障害についての偏見・思い込みを認識し，身体的性，性自認，性的指向についての理解を深める」などの授業目標を設定して，性的マイノリティの当事者とされる外部講師の授業ももりこみながら学習を進めている。また眞野豊は，福岡県公立中学校での道徳を用いて，「性的マイノリティに対するスティグマ化されたイメージを転覆させること」「性的マジョリティ／性的マイノリティといった区分が本質的なものではないことに気付かせること」を目標としつつ，当事者であるゲストティーチャーも招きながら，多様な性のあり方を考える授業を行っている（眞野，2015）。さらに樋上典子は，中学校における総合的な学習の時間で，性的マイノリティへの偏見や思いこみを認識し，多様なセクシュアリティの問題を自分の問題として考えられるようになることをめざして，DVDの視聴やディスカッションの授業を行っている（樋上，2017）。高等学校では，阿部和子が総合的な学習の時間として「性別って何？」という授業を行っており，「人間の性別は多様であり，個別的であり，グラデーションを成しているということを身につけてほしい」（阿部，2015，p.102）として，辞書などを用いた話し合いの取り組みがあるとしている。

　ここで取り上げた中等教育での授業実践では，性的マイノリティの当事者による講話やDVDの視聴などを契機に，生徒たちがグループディスカッションしたり，性のスケール3) を使って自らの性のあり方を考えたりといった学習活動がみられる。取り上げた実践は，多様な性のあり方を正しく知ることにとどまらず，性の多様性を他人事とせず自らも多様な性に位置づけることをもねらっており，性の多様性をめぐる加害行為の防止や，性的マイノリティとされる子どものエンパワメントも期待できる取り組みである。

　だが，性教育の立場から稲葉昭子が指摘するように，学校教育においては人権教育や性教育としてだけではなく，性の多様性に関する包括的な取り組みが必要であろう。

性教育で同性愛という性的指向について取り上げることは必須であるが，それは他科目との関連を含めた包括的なアプローチでなければ効果が発揮されないと考える。どんなに理想的な性教育の授業であったとしても，性教育だけで同性愛者の存在を可視化することは，同性愛者が性的な話題のときにだけ可視化されるということであり，強制異性愛の社会で性的指向を特別にとりあげられ，性的存在とみなされることが多い同性愛者の現状強化につながってしまうのである。(稲葉，2010，pp.271-272)

現在，中等教育を含む日本の学校教育では，性の多様性をめぐる授業実践は教科外の取り組みが圧倒的に多い状況である。性的マイノリティとされる子どものエンパワメントや，生徒たちがいじめや暴力の加害者となる可能性への対応は，日常的な教科学習においても取り組むことで，より効果が期待できよう。

また，性の多様性に関する中学校での授業の教育効果について論じた佐々木掌子は，はじめに教科教育で性の多様性に関する知識習得を行い，その後道徳で同性愛やトランスジェンダーへの嫌悪について取り上げる授業実践を考察するなかで，「教科教育の段階でも，同性愛やトランスジェンダーへの嫌悪感は低下するという効果がみられた」(佐々木，2018，p.323)と報告している。教科学習として性の多様性を取り上げることで，正しい知識の習得が行われたり，性の多様性をめぐる価値観に変容がみられたりすることがわかる。ただし，教科学習にはあくまで各教科の目標があり，教科として育てたい資質・能力が存在する。その意味では，これまでも思春期の身体が学習内容として示されてきた保健体育科や，歴史的，文化的，社会的変化との関連から現代の家族・家庭を学ぶ家庭科，平等権や男女共同参画社会が扱われる社会科（公民科）などで，決して多くはないが，性の多様性は取り上げられてきた。今後はこれらの教科はもとより，各教科の目標や育成すべき資質・能力を足がかりにしながら，性の多様性をめぐる学びを包括的にとらえることが重要である。そうすることによって，さまざまな教科学習の場で性の多様性をめぐる授業実践が可能となり，性的マイノリティとされる子どものエンパワメントや，いじめや暴力という加害行為について，教科として取り組むことができる。

100　第Ⅱ部　子どもの多様性と中等教育実践の課題

❸　性の多様性をめぐる授業実践の展望―包括的性教育を手がかりに―

　教科学習を想定しながら，性の多様性をめぐる包括的な授業実践をめざすう
えで，本稿では『国際セクシュアリティ教育ガイダンス』（以下，『ガイダンス』）
を手がかりとしたい。『ガイダンス』は，国連教育科学文化機関（UNESCO），
国連合同エイズ計画（UNAIDS），国連人口基金（UNFPA），世界保健機関
（WHO），国連児童基金（UNICEF）が協同で作成した，セクシュアリティ教育
の国際指針である。2009年12月に初版が発表され，日本語訳が2017年に出版
されている。また，第2版が2018年1月に公表された。

　『ガイダンス』は2部構成となっており，第Ⅰ部では「セクシュアリティ教
育の論理的根拠」が，第Ⅱ部では「内容項目と学習目標」がまとめられている。
なお，日本語訳にはSexuality Educationを「包括的教育という意味でセクシュ
アリティ教育と訳す」（UNESCO,ed，2010＝浅井ほか訳，2017，p.7）とある。

　『ガイダンス』で示される包括的性教育の目標と内容は，次の6点の基本構
想で構成される。①「人間関係」〔家族／友情，愛情，人間関係／寛容と敬意
／長期的な責任ある関係，結婚，育児〕，②「価値観，態度，スキル」〔価値観，
態度，性に関する学習の情報源／性的行動における規範や仲間の影響／意思決
定／コミュニケーション，拒絶，交渉スキル／援助と支援を見つける〕，③「文
化，社会，人権」〔セクシュアリティ，文化，人権／セクシュアリティとメディ
ア／ジェンダーの社会的構造／性的虐待，搾取，有害な慣習等を含むジェンダ
ーに基づいた暴力〕，④「人間の発達」〔性と生殖の解剖学と生理学／生殖／前
期思春期／からだ（body）イメージ／プライバシーとからだの尊厳〕，⑤「性
的行動」〔セックス，セクシュアリティ，生涯にわたる性／性的行動と性的反
応〕，⑥「性と生殖に関する健康」〔避妊／HIVを含む性感染症のリスクを理解，
認識して低減させる／HIV/AIDSについてのスティグマ，ケア，治療と支援〕，
である。そして，6点の目標と内容の具体がレベル1（5〜8歳），レベル2（9
〜12歳），レベル3（12〜15歳），レベル4（15〜18歳以上）で設定される。

　なお，初版では6点示された基本構想は，第2版では8点に再構成されている。

①Relationships（人間関係）〔Families / Friendship, Love and Romantic Relationships / Tolerance, Inclusion and Respect / Long-term Commitments and Parenting（家族／友情，愛情，恋愛関係／寛容と敬意／長期的な責任と育児）〕，②Values, Rights, Culture and Sexuality（価値観，権利，文化とセクシュアリティ）〔Values and Sexuality / Human Rights and Sexuality / Culture, Society and Sexuality（価値観とセクシュアリティ／人権とセクシュアリティ／文化，社会とセクシュアリティ）〕，③Understanding Gender（ジェンダー理解）〔The Social Construction of Gender and Gender Norms / Gender Equality, Stereotypes and Bias / Gender-based Violence（ジェンダーの社会構築とジェンダー規範／ジェンダー平等，ステレオタイプとバイアス／ジェンダーに基づいた暴力）〕，④Violence and Staying Safe（暴力と安全でいること）〔Violence / Consent, Privacy, and Bodily Integrity / Safe use of information and Communication Technologies（暴力／同意，プライバシーとからだの尊厳／情報の安全な利用とコミュニケーションの科学技術）〕，⑤Skills for Health and Well-being（健康と幸福のためのスキル）〔Norms and Peer Influence on Sexual Behaviour / Decision-making / Communication, Refusal and Negotiation Skills / Media Literacy and Sexuality / Finding Help and Support（性的行動における規範と仲間の影響／意思決定／コミュニケーション，拒絶，交渉スキル／メディア・リテラシーとセクシュアリティ／援助と支援を見つける）〕，⑥The Human Body and Development（人間のからだと発達）〔Sexual and Reproductive Anatomy and Physiology / Reproduction / Puberty / Body Image（性と生殖の解剖学と生理学／生殖／思春期／からだイメージ）〕，⑦Sexuality and Sexual Behaviour（セクシュアリティと性的行動）〔Sex, Sexuality and the Sexual Life Cycle / Sexual Behaviour and Sexual Response（セックス，セクシュアリティと性的なライフサイクル／性的行動と性的反応）〕，⑧Sexual and Reproductive Health（性と生殖に関する健康）〔Pregnancy and Pregnancy Prevention / HIV and AIDS Stigma, Care, Treatment and Support / Understanding, Recognizing and Reducing the Risk of STIs, including HIV（妊娠と避妊／HIV/AIDSについてのスティグマ，ケア，治療と支援／HIVを含む性感染症のリスクを理解，認識して低減させる）〕，である。

特に，ジェンダーや暴力の観点が加筆されていることがわかる。

以上のような『ガイダンス』では，マイノリティが排除される現状から，年齢・階層・性別・障害・性的指向などをふまえたすべての子ども・若者への包括的性教育の提供がめざされている。『ガイダンス』は序論において，「多様性は，セクシュアリティの基本である」（UNESCO,ed，2010＝浅井ほか訳，2017，p.16）と明確に宣言している。

『ガイダンス』初版は包括的かつ具体的に，セクシュアリティに関する学習課題を示している。また，以下のように自尊感情（self-esteem）に言及する課題が，「基本的構想3：——文化，社会，人権」の「セクシュアリティとメディア」レベル3（12～15歳）に唯一提示されている（上掲書，pp.143-146）。

基本的構想3：—文化，社会，人権

3.2　セクシュアリティとメディア
レベル3（12～15歳）の学習目標： **セクシュアリティや性的関係について，マスメディアの中の非現実的なイメージを確認する。** **ジェンダーステレオタイプにおけるこうしたイメージの影響について説明する。** **重要となる考え方：** ・マスメディアは，私たちの美しさの理想や，ジェンダーステレオタイプに影響している。 ・ポルノ的なメディアは，ジェンダーステレオタイプに依存しがちである。 ・マスメディアによるネガティブな男女の描写は，個人の自尊感情（self-esteem）に影響を与える。

なお，第2版では基本的構想5「健康と幸福のためのスキル」の5.4「メディア・リテラシーとセクシュアリティ」レベル3（12～15歳）において，「セクシュアリティと性的関係に関する非現実的なイメージをどのように熟考するか

で，ジェンダー的な感覚や自尊感情に影響を与えることができる」という学習課題が確認できる。

包括的性教育の国際指針である『ガイダンス』も，自尊感情に関する学習課題を日本の中等教育段階に相当する年齢で設定している。中等教育段階における性的マイノリティの自尊感情の低下，それに伴う性的マイノリティとされる子どものエンパワメントや，いじめや暴力などの加害行為の防止に学校教育で取り組むための包括的な教科学習を考えるうえで，多様性を前提とした『ガイダンス』のメディア（リテラシー）をめぐる記述は示唆に富む。『ガイダンス』を援用し，「メディアにおける性のあり方やセクシュアリティを批判的にとらえ，自らの価値観を省察する教科学習」を性の多様性をめぐる授業実践として構想したい。本稿では，国語科を一例にその具体化を図っていく。

奥泉香によれば，国語科では2000年前後からメディア・リテラシーの教育実践が盛んになり，2000年以降，菅谷明子「メディア・リテラシー」（三省堂中学3年），水越伸「メディア社会を生きる」（光村図書中学3年），「マスメディアを通した現実世界」（光村図書小学3年），「アップとルーズで伝える」（光村図書小学4年）など，メディア・リテラシーに関する教材も多くみられるようになったという（奥泉，2015，pp.7-9）。実際に，現在中学校で使用されている国語科教科書でも，例えば菅谷明子「情報社会を生きる─メディア・リテラシー」や「新聞記事を読み比べよう」（ともに三省堂3年），「情報を編集するしかけ─メディアにひそむ意図」や「広告を批評する」（ともに教育出版3年）などの教材が散見される。また，『中学校学習指導要領（平成29年告示）解説国語編』では，第3学年の〔知識及び技能〕における「(2) 情報の扱い方に関する事項」で，「情報の信頼性の確かめ方を理解し使うこと」とある（文部科学省，2018，pp.107-108）。本事項の指導にあたっては，〔思考力・判断力・表現力等〕の「C 読むこと」(1)「イ 文章を批判的に読みながら，文章に表れているものの見方や考え方について考えること」などとの関連を図るよう求められている。「C 読むこと」の該当部分を参照すると，言語活動例として，「ア 論説や報道などの文章を比較するなどして読み，理解したことや考えたことに

104　第Ⅱ部　子どもの多様性と中等教育実践の課題

ついて討論したり文章にまとめたりする活動」が示されている（上掲書，p.129）。「新聞や雑誌，インターネットに掲載されている文章などを想定」した，文章の比較や討論などが設定されている。

　以上のことから，「メディアにおける性のあり方やセクシュアリティを批判的にとらえ，自らの価値観を省察する国語科授業」を行うことは，国語科として育てたい資質・能力をねらいつつ，同時に性的マイノリティとされる子どものエンパワメントや，いじめや暴力などの加害行為防止をめざすこととなる。

　例えば2018年2月から2019年1月まで放映された，2004年から続く人気アニメ「プリキュア」シリーズの通算15作目「HUGっと！プリキュア」を用いて，「メディアにおける性のあり方やセクシュアリティを批判的にとらえ，自らの価値観を省察する国語科授業」を構想してみたい。「プリキュア」シリーズでは女性キャラクターが「プリキュア」に変身し，悪を倒すという物語が基本的に展開される。「プリキュア」は「プリティ（pretty＝かわいい）」と「キュア（cure＝癒す）」を合わせた造語であるとされ，女児向けにつくられている。「プリキュア」シリーズでは，悪に向かって戦う女性が描かれていたものの，「プリキュア」になれるのはいわゆる女児や女性に限定されていた。しかし「HUGっと！プリキュア」では，フィギュアスケーターで周囲からは女装男子と揶揄される中学3年の男子生徒が登場し，ドレスを着た男子生徒に対し，主人公が「男の子だってお姫様になれる！」と叫ぶシーンがある。これまでの「プリキュア」シリーズではみられなかった場面だが，各シリーズと「HUGっと！プリキュア」を「比較するなどして読み，理解したことや考えたことについて討論したり文章にまとめたりする活動」を行えば，国語科として「読むこと」の力を育てつつ，メディアにおける性のあり方やセクシュアリティを批判的に読むこととなる。「HUGっと！プリキュア」ではなぜ上記のような性のあり方が描かれたのか。これまでの「プリキュア」ではなぜ描かれず語られなかったのか。描かれない／語られないということの奥には，どのような権力関係や差別が横たわっているのか。「プリキュア」の比較読みを通して，メディアにおける性のあり方やセクシュアリティを批判的に読み解き，話し合い活動や表現活動へ

とつなげていく。こうした学習活動から，性的マイノリティとされる子どもの
エンパワメントを図りたい。また，その際留意したいのは，「自分が偏見を持
っていたこと，その偏見を解消させる方法を考えていたという自分に気づき，
そのような認識の変容をおこなっていた自己の変化に驚きを抱くことが可能と
なった」（渡辺ほか，2011，p.102）と自らの実践をふり返って，渡辺らが述べ
るように，「自らの価値観を省察する」点である。「プリキュア」の学習を通し
て，ある生徒は女装男子への偏見を認識するかもしれないし，ある生徒は性的
マイノリティでありながらも自らの性のあり方を周囲に悟られたくないために，
女装男子を必要以上に攻撃する自分を発見するかもしれない。偏見や苦悩など
も含みこんで自らの価値観を省察することで，いじめや暴力などの加害行為を
自覚し，性の多様性に対する当事者性を生徒たちに立ち上げることを，授業で
はめざしていく。

　このように，『ガイダンス』で示される包括的性教育を手がかりにしながら，
各教科における目標や教科内容に鑑み，性の多様性をめぐる教育実践を検討す
れば，教科外の取り組みだけでなく，日常的な教科学習での可能性が拡がるで
あろう。その際に重要となるのは，授業者である教員の知識や価値観である。
性の多様性に関する正しい知識をもって，メディアをはじめさまざまなことが
らをとらえられるようになること，自身の価値観を省察し，性の多様性に対す
る当事者性を立ち上げること，これらの積み重ねが，先に引用した「いじめの
加害者には担任教員も存在する」という「いのちリスペクト。ホワイトリボン・
キャンペーン」の調査結果への一石となるだろう。

　今後は投げこみ教材だけでなく，教科書教材を使った性の多様性をめぐる授
業実践がどのように可能なのか具体化することや，こうした教科学習をいかに
評価するのかという問題について考えなければならない。

＜注＞

1)　「「マイノリティ」という響きに「劣った」というニュアンスを感じるために好ま
　　しい名称ではないと思う人も多い」という中塚（2017b）の指摘に注意を払いつつ，

本稿では「性的マイノリティ」や「性の多様性」、あるいは「多様な性」という語を用いる。
2) アメリカ精神医学会が2013年に発行した『精神疾患の分類と診断の手引き』第5版（DSM-Ⅴ）では、性自認をめぐる違和感や苦悩を疾患ではなく個性ととらえることから、「性同一性障害（Gender Identity Disorder）」が「性別違和（Gender Dysphoria）」と変更されている。ただしトランスジェンダーのなかでも、医療行為を必要とする人に対しては診断名として「性同一性障害（Gender Identity Disorder）」を用いることがある（中塚、2017b）。
3) 眞野が道徳の実践において、自分たちの性のあり方が多様であることを考えさせるために用いた教具。「体の性」(sex)「心の性」(gender identity)「好きになる性」（sexual orientation）の3要素に性を整理し、それぞれのあり方を図1のように線分上に表して用いている（眞野、2015、p94）。

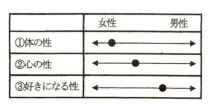

図1　スケール（例）

＜引用参考文献＞
・阿部和子（2015）「高校の実践 性別って何？」、『Sexuality』(71)、pp.102-114、エイデル研究所．
・稲葉昭子（2010）「学校教育におけるセクシュアル・マイノリティ」、『創価大学大学院紀要』32、pp.259-280、創価大学大学院．
・いのちリスペクト。ホワイトリボン・キャンペーン（2014）「ＬＧＢＴの学校生活に関する実態調査（2013）結果報告書」平成25年度東京都地域自殺対策緊急強化補助事業（http://www.endomameta.com/schoolreport.pdf）最終閲覧2019年4月15日．
・奥泉香（2015）「メディア・リテラシー教育の実践が国語科にもたらした地平」、浜本純逸監修・奥泉香編『ことばの授業づくりハンドブック メディア・リテラシーの教育―理論と実践の歩み―』pp.5-18、渓水社．
・佐々木掌子（2018）「中学校における「性の多様性」授業の教育効果」、『教育心理学研究』66(4)、pp.313-326、一般社団法人日本教育心理学会．
・中塚幹也（2017a）「封じ込められた子ども、その心を聴く』ふくろう出版．
・中塚幹也（2017b）「LGBTI当事者のケアに向けた学校と医療施設との連携」、三成美保編著『教育とLGBTIをつなぐ』pp.75-106、青弓社．
・樋上典子（2017）「人の性はグラデーション：「多様な性」の授業実践より」、『人間と教育』(94)、pp.84-93、旬報社．
・日高庸晴（2015）「思春期青年期に配慮が必要なセクシュアルマイノリティ」、『教

育と医学』63（10），pp.873-881，慶應義塾大学出版会.
- 眞野豊（2015）「"性の多様性" をどう授業化するか：福岡県公立学校における試みをもとにした考察」，『九州教育学会研究紀要』43，pp.89-96，九州教育学会.
- 文部科学省（2018）『中学校学習指導要領（平成29年告示）解説 国語編』東洋館出版社.
- 薬師実芳（2015）「LGBTの子どもも過ごしやすい学校について考える」，早稲田大学教育総合研究所監修『LGBT問題と教育現場』pp.5-26，学文社.
- 柳町幸子（2011）「いのちをいとおしむ：家庭科（高等学校）での性教育」，『セクシュアリティ』（50），pp.84-93，エイデル研究所.
- 渡辺大輔・楠裕子・田代美江子・艮香織（2011）「中学校における「性の多様性」理解のための授業づくり」，『埼玉大学教育学部附属教育実践総合センター紀要』（10），pp.97-104，埼玉大学教育学部.
- UNESCO,ed（2010）International Technical Guidance on Sexuality Education.（浅井春夫・艮香織・田代美江子・渡辺大輔訳（2017）『国際セクシュアリティ教育ガイダンス』明石書店.）
- UNESCO,ed（2018）International Technical Guidance on Sexuality Education.（https://unesdoc.unesco.org/ark:/48223/pf0000260770）最終閲覧2019年4月20日.

108　第Ⅱ部　子どもの多様性と中等教育実践の課題

4　進路多様高校におけるカリキュラム開発
―社会に開かれた教育の追求―

東京都立高等学校　**望月　未希**

❶　はじめに

　本稿では，東京都における進路多様高校（以下，「A校」）において2016年度から2018年度に取り組んだカリキュラム開発の試みについて報告する。

　研究主任としてA校のカリキュラム開発の取り組みを推進する立場を担った筆者がこの時に立てたのは，「学校を社会に開き，社会との接点を創ることで，より質の高い教育を実現する」という方針である。なお，筆者はこの期間に学年主任として，2016年度入学者を卒業まで3年間指導することにもなった。

　本稿では，特にこの学年を対象とした取り組みと，生徒たち約200名の成長を中心に報告したい。

❷　A校の状況

　A校は，東京都の公立学校の中でも有数の進路多様高等学校である。赴任して驚いたことは，いとも簡単に生徒が転退学していくという事実であった。過去3年間の転退学率は約28％，入学時生徒数の四分の一以上が静かに学校を去っていく。教育に期待しない生徒の引き際は静かである。不登校になり，未履修ののち，いつの間にか学校からいなくなっている。

　筆者自身，A校に赴任して3年，さまざまな手立てを考えて実践してきたものの，教育と生徒とのつながりの希薄さに直面し，学校の教育的資源に限界を感じた。A校では小・中学校と不登校を経験した生徒も多く，授業だけでなく部活や行事等の教育活動にも積極的に参加した経験は少ない。したがって，そ

もそも学校内の教育活動に期待していない生徒・保護者が多い。学外の教育的施設とのつながりも薄い。塾に通ったことがある生徒も少なく，自主的に美術館や博物館を訪れたことがある生徒は稀である。

　昼間の数時間しか一緒にいない教師個人の努力・力量や，学校内の活動（授業，部活動，行事）だけでは，あらゆる手段を使ったとしても，彼らと教育とをつなぐことに限界があった。A校の生徒が特殊な事例ではないとも感じている。不登校などの問題は多かれ少なかれ，現代社会の内包する課題，つまり，人間と人間，人間と事物との直接的・間接的なつながりの薄さが関係しているようにも思われる。

❸　カリキュラム開発の構想

　学年主任をもつことが決まった際に，生徒たちの入学から卒業までの3年間を通して，「教育が，どこまでやれるのか」に関するカリキュラム開発の研究をしたいと考えた。校長とともに文部科学省の教育課程研究指定校に応募し，2016年度と2017年度の2年間，指定を受けることができた。進路多様高校が研究指定校になることについては校内でも賛否両論があったものの，研究指定校となったことで，研究主任として大胆に学校全体のカリキュラム・マネジメントを構想することができた。なお，指定校としての研究テーマは，「持続可能な開発のための教育（ESD）」である。テーマについては，日本ユネスコ国内委員会の資料（松原ほか，2015）を読み込む中で，「持続可能な社会づくりの担い手を育む教育」として解釈した。

　筆者自身が美術科教師だということも，この研究の根幹にかかわっている。筆者には東京学芸大学の大学院修士課程において，ロンドン・ナショナル・ギャラリーの教育普及活動を分析し，「作品を媒体とするクロスカリキュラムの検証」（望月，2013）を行った経験があった。これは，絵画を通してあらゆる年齢，教科，学校種をつなげていく試みを研究したものであった。さらに，その研究の中で，「地域に基づいた美術教育（Community-Based Art Education：

CBAE）」の実践にも触れる機会があった。CBAEとは，地域社会との連携・協働を通じて，地域社会全体の活性化や芸術体験の深化を試みる美術教育の方法論である。これらの知識や経験により，学力格差にかかわらず，知識を活用し発展させるオープンエンドで現実的な課題による学習は可能であるとの確信があった。

　研究開発に取り組むにあたっては，「コミュニティに関与する学習（Community-Engaged Learning：CEL）」の考え方も参考にした。これは，質の高い教育を得る手段として学校を社会に開くというものである。Linda, Johnson, Gilbert（2011）では，医療従事者の学校がより質の高い教育を行うために地域に学校を開き，小さなコミュニティからより大きなコミュニティへ学びの場を拡張した実践が報告されている。また，佐藤・岡本・五島（2010）ではイギリスのサステイナブル・スクールにおいてESDを推進するために学校を地域に開く取り組みが紹介されており，CELはESDとも親和性が高いものだと考えた。

　以上を踏まえて，学校内だけで教育活動を行おうとする限界を越えて，学校外の社会との接点の中に活路を見出そうと考えた。A校で構想した「カリキュラム編成とコミュニティ」の関係が，図1である。このイメージは，「社会と

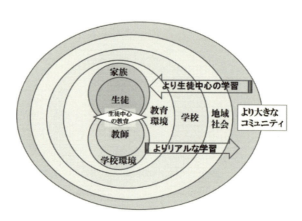

図1　カリキュラム編成とコミュニティ

の接点を創ることで，より質の高い教育を実現する」研究開発の基盤となった。生徒たちの3年間の成長を見据えた継続的な取り組みを進め，可能ならば学校に根付くような持続可能なカリキュラム・マネジメントをめざそうと考えた。

❹カリキュラム開発の取り組み

研究開発にあたり，まず各教科担当の先生方に，「教科の本質的な学び」，その本質的な学びにかかわる「人と人，人と地域などとのつながり」，「地域連携でできる内容」について，提案してくださるように依頼した(表1)。「アイデア」「つながり」「応用」というキーワードで目標を整理したのは，ICEモデルのイメージがあったからである（Young, et. al., 2013）。また，「逆向き設計」論（西岡，2008）でいわれているような教科の本質も重視したいと考えた。

さらにこれらの地域連携型の授業や教育活動を，年間に1回は実施してくださるように，先生方に依頼した。表2には2016-2017年度に実現した取り組みの一部を示している。教科の授業，行事，部活動を含めた地域連携の教育活動としては77個の取り組みが実現した。これらの中には，すでにあった取り組

表1　教科の目標の捉え直し

教科	アイデア (教科の本質的な学び)	つながり (人と人，人と地域など)	応用 (地域連携でできる内容)
国語科	言葉は人（人生）を豊かにする	人と地元ゆかりの文人	地元ゆかりの文学を読み，そこに描かれた世界観を知る。
数学科	数字を使った会話 海外に行っても数学は通じる	数学を用いた手品で交流を深める（クラス内〜応用可）	2進法を用いた「数字当てゲーム」を行い，その仕組みや面白さを学ぶ。ほかの生徒や地域交流の機会に披露する。
社会科	当たり前の物事に疑問を投げかける力	「地域発展の手法を考える」 地場産業とコラボ 地元の観光PR	文化祭で特産品販売(共同で。食品も可)生徒引率で下見して地元観光PR。 ※高校を地域の窓口として活用したい。
家庭科	自分の生き方を考える 現在・過去・未来	保育・食物で自分の生活を振り返る	地元の特産について学ぶ。周辺地域の教育環境について考える。自分の将来の参考にするために。
理科	なぜ？を分析する力	地域の特産物・花等を年間を通じて栽培する	肥料や日照時間の育ち方の違いなどを分析し，地域の特産物や花の育ち方について考察する。

112　第Ⅱ部　子どもの多様性と中等教育実践の課題

表2　学びの場を拡張する実践（2016-2017 年度）

学びの場 （図1参照）	実践例	教科（科目）・行事・部活の別
教育環境・学校	ハクビシンとのたたかい！	理科（生物）
	地元 NPO と「正義について」語ろう	社会（現代社会）
	地元 PR 英語ツアーを作ろう	英語
	クリーンエンジェル隊	全学年有志
地域社会	地元祭りへの参加	全学年有志
	地元マルシェへの出店	生徒会
	奥多摩ウォーキング	第1・2学年
	子ども食堂のお手伝い	全学年有志
より大きなコミュニティ	異文化国際交流行事	第2学年
	アンドロイドロボット制作講話	第2学年
	東京コンファレンス（地方創生報告会）参加	生徒代表
	森林保全活動	第2学年

みを「社会に開く」という視点から再評価したものも含まれている。

　2017年度以降はそれぞれの実践について振り返り，生徒たちにとって特に意義が大きいと思われたものに精選しつつ，継続的な取り組みを進めることとなった。2016年度はやや散漫に多種多様なものに取り組んだ。何年か経つうちに多種多様な活動は緩やかに淘汰され，優れた効果やよいシステムを持つものは教育活動として，研究指定終了後も学校に定着していった。筆者が学年主任として担当した学年だけでも，3年間で30種類を超える実践が取り組まれた。

　定着していった取り組みの特徴には，「学内の課題と，社会の課題を結ぶ」という点があった。課題解決にはエネルギーも資本も必要である。だが，正直にいえば，進路多様高校のA校には教育的資源（予算や人員，家庭教育の力など）は限りなく少ない。したがって，「優れている」取り組みは，エネルギーや資本を投入して消費して終わるのとはまったく違う動きをする。課題同士を結び付けることで互いを補完しあい，エネルギーや資本を生み出し，循環していくことができる。持続可能であり，無理をしない点が「優れている」のであ

る。

　生徒の現状調査・データの収集にあたっては，第一学年開始時と第二学年開始時に教育評価研究所の「ＴＫ式ＴＡ多角的知能検査」と「ＴＫ式Ｍ２-ＤＶ生徒自己理解調査」を行い，さらに溝上（2015）を参考にした独自の調査用紙によるものを年に2回行った。

❺　実践の具体例

　次に，いくつかの実践の具体について説明しよう。

（1）生物の授業「ハクビシンとのたたかい！」

　生物科の渋谷匡俊教諭は，授業で野菜の栽培を行った（図2）。生徒たちが畑を耕し，種をまき，世話をし，収穫し，その野菜を食べるまでを通しての授業となる。この地域特有の問題である，近隣に生息して作物を荒らす害獣，ハクビシンについて生徒たちは，「ハクビシンとのたたかい！」というサブテーマをつけ，害獣から柵を作る作業等も行った。植物の成長を見守る過程の中で，肥料の成分による成長の違いも学んだ。

図2　畑での作業の様子

（2）英語部による出前授業

　英語部を担当する英語科の川崎佐智子教諭は，学校として「地域連携」を推進しようという計画の後押しによって，地域の小学校に高校生が出前授業を行うという取り組みができるのではないかと思いついた。そこで，管理職の許可を得て，最も近い小学校に交渉を行った。その交渉には，部員の生徒たちや主幹である筆者も同行した。交渉を粘り強く行い，ようやく初めての「出前授業」の約束を取り付けた。英語部の生徒たちは，小学校の先生たちとの打ち合わせの中で，小学生に授業を行うにあたっての注意点や，使用できる教具や教室環

境などについて話し合っていった。

　そして本番、生徒たちは手作りのオオカミの仮面を頭につけ、小学生たちを羊に見立てて英語での「鬼ごっこゲーム」を行った。活動を記録した映像を見ると、生徒たちが元気な声で小学生たちとやり取りし、「Lunch　Time！」という掛け声とともに、小学生たちを追いかけている（図3）。小学生は高校生のお兄さん、お姉さんとの授業に大喜びだ。歓声を上げて楽しむ様子が映っている。出前授業が終わると、「サインをちょうだい！」と高校生の前に小学生が列を作った。生徒たちは頬を紅潮させて、嬉しそうにサインを行っていた。

　この一回目の成功から生徒たちは発奮し、「この地域すべての小学校で出前授業を行う！」という目標を立てた。良い評判が評判を呼び、次の年度には、他の小学校からの要請で、3校に出前授業を実施した。2019年度も多くの小学校から声がかかり、出前授業は英語部の定番の活動になりつつある。

図3　「出前授業」の様子

(3) 行事「森林保全活動」

　地域の連携によって行われている「森林保全活動」は、筆者が赴任して2年目から始まった行事であった。第2学年の生徒約200名全員が地元の森林において、2日間かけて林業を体験したり下草刈りに取り組んだりする（図4）。10名程度の教員が担当するほか、地元NPOのボランティア指導員17名程度がご支援くださる。この行事の創設者は生物科のB教諭で、2017年度から筆者が行事を引き継ぎ、再構成していった。当初は単純な「体験活動」であったが、教育的価値や地域の資源を見直して改良し、生徒が主体的な市民として社会活動にかかわってい

図4　ヘルメットをかぶって活動している様子

く形に変えていった経緯を振り返りたい。

A校では，2014年度から2015年度まで東京都の学校設定教科・科目である「奉仕」に「奉仕体験活動」を，2016年度からは東京都の学校設定教科・科目「人間と社会」の「体験活動」として「森林保全活動」を充てている。「森林保全活動」導入以前の「奉仕体験活動」では，ごみ袋を持って学校周辺の清掃活動を行っていた。しかし，学年全員で周辺地域を回ると拾うごみはすぐになくなってしまい，生徒や教員からは「長時間（単位習得に必要な時間数）活動する意味があるのか」という疑問が出たり，生徒が道に広がって歩くため周辺住民から「車での通行が難しい」との苦情もあったりと，行事の改善を促されている下地はすでに存在したといえよう。

2014年度に，当時第2学年主任の生物科B教諭が，元々B教諭自身が参加していた地元NPO（企業や市が保有する森林の環境保全を請け負っている）と協力して，地域の保全林での奉仕体験活動（間伐材伐採など）を始めた。ただし初年度は，当日だけ「森林保全活動」を行っていたため，生徒の課題意識は低かった。また，生徒たちは初対面の相手に馴染めないタイプも多く，指導員の説明を聞かなかったり指示に従わなかったりするなどの問題もあった。指導員はボランティアであったため負担の大きさに不満が残り，生徒指導の難しさで傷つき「今後活動に参加しない」という判断をされる方も出ることになった。さらに指導の複雑さから，「単純な清掃活動のほうがよかった」との教員側の不満も残った。

そこで2015-2016年度には，NPOの方々との事前授業を行うなど改善を加えた。しかし，指導員の方々の負担は大きかった。また，創設者B教諭が異動したことで，NPOとのつながりは薄くなってしまった。

2017年度には，年度途中で地元NPOがこの活動への不参加を表明，活動に使用していた土地への立ち入りも禁止した。NPOの中での活動方針等の課題も重なり，内部分裂してしまった。この事件をきっかけに高校の教育活動に共感する方のみが集い，新たな場所を設定するとともに，管理職やPTAの協力も得て「森林保全活動」が継続されることとなった。保護者，学校，NPO「森の包

括支援センター」が一体となって協力し，年度途中で頓挫しそうになった「森林保全活動」を学年行事として執り行うことに成功した。

　一旦は消滅しかけた「森林保全活動」を復活させる鍵となったのは，学校のニーズと森林保全NPOのニーズをマッチングさせるという発想であった。すなわち，A校には「生徒と社会とのつながりが希薄であり，社会とつながる機会が欲しい」というニーズがあった。一方，森林保全NPOには「地域，NPO参加人員の高齢化により，里山の保全活動の持続が難しい」という状況に直面しており，保全活動に参加する若者を確保したいというニーズがあった。これらのニーズをマッチングさせたことにより，学校と森林保全NPOが社会に開く活動にともに取り組もうという流れになっていった。関係者たちが，「森林保全活動」は互いの課題を解決するよい機会であり，互いに利益のある活動であると認識するに至ったのである。

　NPO「森の包括支援センター」代表の園田安男さんは，次のように語った。「『山にはいる人を増やす』発想から『持続する森づくり，持続する地域を担う人づくり』発想に転換したと言えるだろう。単純に言ってしまうと，『活動を作る』から『活動をコーディネートする人を作る』というように変化している。若者が持続的に参加しないような活動に未来はない。一時的な体験活動に『ボランティア』という名称を与えたとしても，それ自体が自己目的化するというワナにおちいるのだ。体験活動を大騒ぎで勧めた者として時代を見るとこう言える。そして，思いつくのは，昔の里山のように生活を支える存在，循環を意識した収益事業をひとつでも，ふたつでも始める事だろう。それも次世代が引き継げるようにするというのが最低限の条件だ。『今の自分が満足する』というだけでは意味をなさないし，1日限りの体験活動を繰り広げてもそこから直線的に持続という階段は上れない」（筆者との電子メールの中での言葉，2018年9月9日）。

　2018年度には，森林保全NPOの活動に生徒たちが主体的に取り組める条件を整えるため，「有償ボランティア」のシステムを稼働させた。第2学年の生徒全員を対象とする行事「森林保全活動」をあくまで通過点として捉え直し，

この行事をきっかけに関心を持った生徒たちに森林保全活動に自主的・継続的に取り組むことができるシステムを考えたのである。すなわち，NPOには企業や行政と協力しながら生徒たちに交通費の支給をしてもらう仕組みを作っていただくとともに，学校側では，ボランティアに継続的に参加した生徒たちに学校設定教科「校外学習活動」の科目「ボランティア活動」として第2学年で1単位，第3学年で「就業体験」として1単位を与えるシステムを構築した。

森林保全活動は，2019年度で5年目を迎える。A校としてはさらにこの活動を発展させ，森林組合などと協力し，1学年でのインターンシップ行事とも連携させていく予定である。

（4）竹を用いた作品制作―行事「森林保全活動」から部活動への発展―

地域の課題に取り組む必要に迫られる経験から，生徒たちの課題意識もより明確になっていった。2019年度のある日，継続的に森林保全活動に取り組んできた生徒Iさんから，伐採した竹を美術部の作品制作に活用したいという相談があった。Iさんは建築家になりたいという夢があり，自分で考えた建築物に竹を活用し，部活動として共同制作をしたいとの思いがあった。

美術部顧問として相談を受けた筆者は，まずNPOの方に相談するように勧めたところ，すでに森林保全活動の行事や有償ボランティアでのつながりの基盤があったため，Iさんは気負うことなく学外の大人に相談することができた。NPOから快諾を得たIさんは，学外の大人と打ち合わせを行いながら美術部員を組織し，素材の竹を切り出す日程や運搬の日程を決め実行した。これらは強制ではなく，部員に自分のやりたいことを伝え，協力してくれる人を募る形式で組織された。数名が協力を申し出て，実際にIさん設計の建築物を作る運びになった。

素材の竹を切る日，Iさんは遅刻してしまった。計画の中心人物が不在というスタートになったが，ほかのメンバーは素材の竹切りを着々と進めた。彼らにも森林保全活動の経験があったため，単純な作業であればIさんがいなくても進めることができた。Iさんは2時間遅れでやってきた。「ごめん，寝坊しちゃった」と謝るIさんを軽く注意する場面はあったが，昼食の頃には皆仲良く笑

っていた。

　さらに設計に行き詰まったとき、Iさんは建築事務所で働く美術部OGの先輩に連絡を取り、設計を実現させるための知識や建築模型の作り方などを教わった。OGは久しぶりに学校を訪問し、自らが頑張っている建築事務所での仕事や一級建築士をめざしていることなどを部活動で語ってくれた。OGには仕事の知識や経験を後輩のために生かし、後輩に尊敬される機会ともなり、Iさんにはより具体的に夢を叶えようと励まされる機会になった。模型を作った後は、美術部員への指示もスムーズになった。9月の文化祭での公開に向けて協力してくれる部員たちと制作を続け、無事に完成に至った（図5）。

図5　竹を使って制作している様子

　Iさんの行動は、社会と緩やかにつながるシステムの作り方を経験から理解し、自分の希望を叶えるために活用したものだったといえるだろう。つながりが希薄な場合、個人だけの力では解決できない課題にぶつかると、「あきらめる」という選択肢しかないように思えてしまう。しかし、生徒たちは学校をベースとして社会のさまざまな人や事物とつながった結果、「あきらめない」ことを身につけていったように思われる。「あきらめない」力というのは、個人の性格や鍛錬によって個人として身につける能力ではなく、社会とのつながりによって自分の意志を貫く方法を身につけるということではないだろうか。彼らのような市民が増え社会で活躍するとしたら、社会も変わることだろう。ちなみにIさんは2019年現在、建築士になるための努力を続けている。

❻　生徒の変化

　本節ではカリキュラム開発によって生徒たちにもたらされた変化について、

検討する。筆者が学年主任を務めた学年のデータと，それ以前の3年間のデータを比較してみたい。まず，当該学年の2019年3月卒業時までの転退学率は13％であった。これは，過去3年間の平均転退学率28％を約半分に減らした数値となっている。遅刻，欠席数なども過去と比較して減少した。学校の教育に期待し，学校に出席する割合が増えたと言える。英検等の資格取得率も増加した。また，6年ぶりに国公立大学合格者を輩出した（それ以前は記録の残る15年前まで遡っても国公立大学合格者はいない）。公務員試験一次合格者8名などの進路実績にも結び付いた。これらの結果は，3年間の継続したカリキュラム開発によってもたらされたものだと言えよう。

さまざまな結果を分析すると，このカリキュラム開発による実践が彼らを勇気づけ，自己肯定感を高めたことがうかがわれる。例えば，図6に示した生徒のコメントからは，外国人との交流活動に取り組む前は不安に駆られていたのに対し，その不安を乗り越えて楽しく活動できた喜びが伝わってくる。

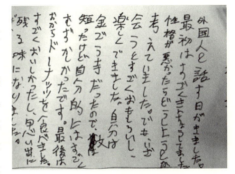

図6　生徒のコメント例

自己肯定感を育てるためには，小さな失敗をしてそれでも大丈夫と感じる経験が大切との示唆が得られた。失敗しないことが，成功ではない。答えのない時代には「成功とは何か」の基準さえ危うい。「成功」を設定し，「失敗」しないように守り，囲い込むことや，同質性を高めて失敗の確率を減らすことも，現代においては得策ではない。

積極的に学校を社会に開き，学校内にリアルな社会（多様性）を取り入れること。生徒が挑戦する場を準備すること。そして，新しいことに挑戦するのだから当然失敗もあるが，失敗も含めて最終的には自らが工夫して納得解を出せるまで「待つ」ことが教師の仕事なのかもしれない。

❼ おわりに

　A校における「社会に開かれた教育」の取り組みは4年目を迎え，2019年度も継続している。内容は，日々の小さな取り組みから学年を越えた活動，さらに学年全体・学校全体の行事などの大きな取り組みに至るまでさまざまである。このような取り組みが可能になったのは，CELの発想を手掛かりとして，スモールステップを踏みながら少しずつ学びの場を拡大していくことで，生徒を勇気づけ，社会との「境界」を越えていったからだろう。そしていつの間にか，社会とつながりを持つ場所としての機能を，学校が作り出していくこととなった。

　変化には痛みが伴う。A校における研究開発でも，当初から教師たち皆が諸手をあげて賛成してくれたわけではない。しかし数年が経過してみると，優れたシステムはいつしか浸透し，反対派であったはずの教師たちもいつの間にか「自分が考えたもの」としてシステムを活用し，教育活動に生かしている。生徒たちも「自分事」として活動に取り組み，学習を深めている。

　最後に，カリキュラム開発研究4年目にして，気づいたことを3点述べておく。第一に，A校での取り組みは，学校ではないところに居場所を作り，「学校が世界のすべてじゃない」と言ってくれる大人とのつながりを作るものであった。そこで勇気づけられて，生徒たちはまた教室に戻ってきてくれる。第二に，本当に優れたシステムはぐるぐると循環し，多くの資源を必要としない。第三に，筆者たち教員の仕事には，事物とのかかわりに価値を見出し，質の高いつながりを生徒自身が主体的に見出すことができるような環境を整え，待つという側面も必要であろう。

　この挑戦が今後，どのような形に結実するのか，未来を楽しみにして日々の教育活動を創造している。

＜参考文献＞

・佐藤真久・岡本弥彦・五島政一（2010）「英国のサステイナブル・スクールの展開

と日本における教育実践への示唆：サステイナブル・スクール実践校における学力追跡調査と政策研究に基づいて」，『環境教育』20（1），pp.48-57，一般社団法人日本環境教育学会.

・西岡加名恵編著（2008）『「逆向き設計」で確かな学力を保障する』明治図書出版.

・松原憲治・ロブ・オダナヒュー・佐藤真久・岡本弥彦・五島政一・二井正浩・後藤顕一・上野耕史（2015）「「持続可能な開発のための教育（ESD）に関するユネスコ世界会議」でのESDの概念に関する国際ワークショップ：これまでの道のり，今後の展望」，『国立教育政策研究所紀要』144，pp.171-180，国立教育政策研究所.

・溝上慎一責任編集，京都大学高等教育研究開発推進センター・河合塾編（2015）『どんな高校生が大学，社会で成長するのか』学事出版.

・望月未希（2013）「作品を媒体とするクロスカリキュラムの検証」東京学芸大学修士副論文.

・Sue Fostaty Young, RobertJ.Wilson（2013）ASSESSMENT & LEARNING.（土持ゲーリー法一監，小野恵子訳『「主体的学び」につなげる評価と学習方法』東信堂.）

・Linda, N., Johnson, S. L., Gilbert, I. A.（2011）The urban and community health pathway: preparing socially responsive physicians through community-engaged learning, Roger.

Ⅲ

教育方法学の研究動向

1 幼児教育の方法に関する研究の動向と課題

2 高等教育に関する研究動向

124 第Ⅲ部　教育方法学の研究動向

1 幼児教育の方法に関する研究の動向と課題

東京都市大学　**岩田　遵子**

❶ はじめに

　筆者に課されたテーマは，教育方法学における幼児教育（保育）[1]に関する研究動向を概観することである。保育研究を教育方法学という視点から見た場合，まず触れておかねばならないことがある。学校教育における教育方法は，狭義には教育の目的に沿って教育内容を選択し，それを子どもたちが習得できるように指導する方法を指すものであり，それは子ども集団を前提としている。すなわち，学校教育における「方法」は，教育活動においてそれを行使する人間がそれぞれ多様性を持つ学習者に対し，共通の働きかけをすることを容認し，その共通の働きかけ方のことを指す用語である。そうだとすれば，保育における方法は，そのような教育「方法」と同一ではない。

　保育における指導や援助の方法は，次の2点を基本としている。1点目は，「幼稚園教育要領」（2019）「第1章　総則」の「第1　幼稚園教育の基本」に書かれているように，「環境を通して行うことを基本とする」ことである。保育者の言語的な指示によってその活動を導くのではなく，幼児がその活動の動機を形成するような環境を構成し，それによって幼児が自らその活動に参入するようにすることが重要だということである。

　2点目は，幼児一人一人の理解に基づいて，一人一人の特性に応じた指導や援助を行うことが必要だということである。教師は，「幼児一人一人の行動の理解と予想に基づき，計画的に環境を構成しなければならない」のであり，「一人一人の活動の場面に応じて，様々な役割を果たし，その活動を豊かにしなければならない」のである。ここにおいては，上記の「方法」概念はあてはまら

ず,「方法」というよりは「臨床」に近い。

このような指導や援助が適用されるのは,保育実践全体,すなわち朝登園した幼児たちを迎え入れ,自由遊び,片付け,手洗いや排泄の援助(特に低年齢児の場合),クラスの集まり,一斉的活動,昼食,午後の遊びと片付け,帰りの集まり,降園までのすべてである。そして,担任が責任を負うのは,自分の担任するクラスの幼児たち(20〜35人)全員である。つまり,保育における指導や援助の方法とは,幼児が上記のそれぞれの活動への動機を形成しやすい環境を構成し,そこにおいて20〜35人すべての幼児一人一人の特性を理解しながら臨床的に対応することである。

この視点からみたとき,保育研究の動向は,遊び場面が多く取り上げられ,それ以外の場面はあまり取り上げられてこなかったこと,また保育者あるいは大人が幼児一人一人に臨床的に関与する場面の研究が多いという傾向を持っていたといえるだろう。そのことをまず本稿では示したい。

しかし,待機児童ゼロ作戦(2001年),認定こども園法(2006年),子ども・子育て支援関連3法の成立(2012年),子ども子育て支援新制度の施行(2015年)といった保育制度改革による保育の量的拡大によって「保育の質」の問題が浮上するようになるとともに,新しい研究動向として,保育者の専門性についての研究が多く産出されるようになったのである。

この動向は教育方法という視点からみれば,注目すべきことである。指導や援助の「方法」にしろ「臨床」的行為にしろ,それらを行使する当事者(保育者)が研究の主題になり,保育者が保育実践においてどのように状況を判断し援助行為を行なっているかが,俎上にあがるようになってきた。またそれに伴って,遊び以外の場面(片付けや食事といったいわゆる生活習慣行動場面)も主題となってきたからである。言い換えれば,次第に保育における指導や援助の方法を捉える研究のまなざしが拡がり始めたということである。

そこで本稿では,保育環境についての研究動向(❷),幼児理解についての研究動向(❸),保育者の専門性についての研究動向(❹),「方法」と「臨床」の往還を提案する研究(❺)を示し,最後に保育の方法に関する研究の課題を

126 第Ⅲ部 教育方法学の研究動向

提示したい。

❷ 保育環境についての研究動向

　保育環境についての研究は，素材や遊具，場所が子どもの遊び行為に与える影響を扱ったものが多い。例えば，乳児保育室の空間構成が子どもの行為と保育者の意識を変化させることを論じた研究（汐見・村上ほか，2012），園庭の土素材の粘性や可塑性が高い園庭では泥団子遊びが多くみられるが，粘性や可塑性が低いと泥団子遊びは行われにくいことを論じた研究（竹井，2012）や絵本コーナーにはテーブルとくつろぐスペースの両方があることが望ましいことを論じた研究（山田，2012），幼児が園内の場所をどのように意味付けているかを写真投影法とインタビューによって明らかにした研究（宮本・秋田ほか，2016）等，ほかにも多くの研究がある。

　これらの研究は，物的環境が人（保育者や幼児）に与える影響を明らかにしているという点で重要である。けれども，保育環境は単に物的環境に限定されるのではない。河邉（2016）は，例えば年長の幼児たちが泥団子を作って遊んでいると，それに触発されて年少の子どもたちが泥団子を作り始めるというように，「何らかの遊び状況が生じていることが重要であ」り，「環境との関係に意味を見出している他者の存在や遊びの状況が子どもを触発し，主体性を促す」（p.190，傍点筆者）のだと述べる。つまり，保育における環境とは，素材・遊具・場所といった物的環境を構成する要素だけではなく，それにかかわる人（保育者や子どもたち），すなわち遊びのモデルの存在が必要だということである。

　さらに，河邉は園舎や園庭，保育室の整備のされ方，そこでの大人のふるまい方等によって醸し出される園全体の雰囲気（河邉，2016）や，園に蓄積された文化（河邉，2015）も環境として重要だと述べている。この考え方を敷衍するならば，例えば，1学級30人の幼児に対して保育者は一人という制度や，1日の生活の流れ，各学期あるいは1年間の生活の流れ（長期指導計画）といっ

た園生活の構成員によって共同に作り出され集積されることによって慣習化された時間性等のすべてを，環境として自覚すべきだということになる。

物的諸要素が潜在的に有する行動規定要因の解明は必要だが，一方でそのような研究ばかりが集積することによって，あたかも保育環境とは物的環境のみを指すものだというイメージを，我々はいつのまにか抱いてしまっているのではないだろうか。

❸ 幼児理解についての研究動向

(1) 幼児のふるまいを対象とする研究

幼児理解のために幼児のふるまいを考察する研究は，かなり以前からおこなわれてきた。研究の手法としては次の二つがある。一つは，就学前施設における幼児の自発的な言動場面を観察によって多く収集し，それを分析することによって幼児のふるまいの特質を明らかする手法である。例えば，3歳児の他の園児の葛藤場面への介入の仕方を明らかにした研究（松原・本山，2016），保育所の異年齢保育において幼児の乳児に対する養育的行動の種類を明らかにした研究（北田，2018）や，幼児の靴の履き方の年齢による違いを明らかにした研究（甲賀・根ケ山，2017）等，多くの研究がある。

もう一つの手法は，特定の一人あるいは数人の幼児を対象としてその行動を分析し，その特質を明らかにする手法である。例えば，幼児がいざこざや拒否を経験しながら仲間づくりを進める過程を考察した研究（岩田，2011），新入園児が他の園児を受容する過程を明らかにした研究（辻谷・秋田，2014），クラスのある一人の幼児が自己調整能力を高めていく過程を担任が考察した研究（利根川，2013），ゲーム遊びで生起する「ずる」の実態とそれが人間関係の中で変化する過程を明らかにした研究（湯浅，2015），仲間関係の形成と4歳児の製作過程の変化の過程を追った研究（佐川，2017）等である。

現在でも多く行われているこのような研究の特徴は，保育実践当事者である保育者が研究の主要な関心から外れていることである。しかし，辻谷（2018）

128　第Ⅲ部　教育方法学の研究動向

のあげる事例が示すように，保育における幼児の言動は，たとえ保育者の直接的関与が無い場合でも，保育者のふるまいが間接的に影響している。幼児の言動は園の集団による文化にも規定されているのであり，保育者のクラス経営のあり方によって幼児の人間関係は変わってくる。それゆえ，ある園ではよく見られる幼児のふるまいが，別の園ではほとんど見られないということもある。保育者の関与を考察の対象としない研究は，一般的な幼児理解に資するものではあるが，具体的な保育実践が考慮されていないという点では限界があるだろう。

（2）保育者の幼児理解を主題とした研究

　保育実践において幼児を理解する主体は，言うまでもなく保育者である。保育者（大人）が幼児とかかわり合う中で幼児の世界を捉えようとすることを主題とする研究は，1970年代に実証科学的な発達心理学による子どもの捉え方に違和感を覚えた心理学者の津守真が，研究者が保育実践現場に参与観察して子どもとかかわりながら心情を共有し，それを事例として考察すること（津守・本田ほか，1974）を保育研究と位置付けて以来，この手法と同様の，あるいは類似した手法によって多く行われてきた。

　例えば，鯨岡ら（2007）は，個性豊かな子どもと同様に一個の個性を持った主体である保育者が子どもとかかわったときの心の動きも含めてありのままに保育の場を描くこと（これを鯨岡は「エピソード記述」と呼ぶ）の重要性を論じ，榎沢（2018）は，幼児は「1対1の対話・直接的対話を生きている」と言い，自身を含めた保育者と子どもを対等な主体として相互にかかわり合う「対話」（「遊び」も含める）の重要性を主張し，幼稚園や特別支援学級における自らと子どもとのかかわりを「対話」の視点から考察している。西（2018）は，自身とある保育園での子どもとのかかわりを事例としてあげながら，子どものイメージは，人との関係の中でこそ豊かになるのであるということを考察している。

（3）省察に関する研究

　保育者による幼児理解によって幼児へのかかわり方が異なる（岡田，2005）とすれば，幼児理解を深めるためには，省察やカンファレンス，記録が必要と

なる。

省察を保育者の専門性の一つとして捉え，その重要性と意義を説く研究が産出されている。保育後に自らの実践を振り返る省察についての研究（田代，2013：吉村，2012：池田，2015等）のほかに，保育者の保育実践中における「行為の中の省察」を「フレーム」（D.ショーン）の観点から明らかにした研究（畠山，2018）等がある。

以上に示した研究には次のような特徴がある。第一は，遊び場面の研究が多いことである。前述したように，保育実践は朝幼児を迎え入れる時から幼児が降園するまでのすべての活動であるが，遊び以外の場面を扱った研究は多くない。

第二は，**(2)(3)** のほぼすべてが，保育者と一人あるいは数名の幼児とのかかわり合いを事例として取り上げて考察していることである。幼児理解とその省察にかかわる研究は，幼児一人一人を理解することの難しさと深さを示している点で重要な研究である。その一方で，鯨岡に代表されるように，保育実践が「一人ひとり個性豊かな主体としての子どもたちと，（中略）一人ひとり個性的な保育者との，個別具体的でなおかつ相互主体的な関わり合い」（鯨岡ら，2007，p.16）である側面ばかりが強調され，そのような個別具体的な場面が事例として抽出され考察される臨床的な研究ばかりが産出されているのをみると，あたかも保育者一人対子ども一人のかかわり合いの集積が保育実践のすべてであるかのように捉える傾向があるように思われる。

この捉え方の限界は，まず第一にそもそも担任がクラスの30名前後のすべての幼児を個別的関与によって理解することは不可能だということである。また，保育実践は，幼児との個別的かかわりも求められるが，それらは保育者の構成した環境（物的環境と人的環境の関係を含む総体）の中で行われるものである。とすれば，榎沢や西のような研究者が参与観察しているのは，保育実践当事者が幼児理解に基づいてある意図を持って環境（物的環境と人的環境の関係を含む総体）を構成している実践の場なのであり，そのことを捨象して自身

と特定の幼児とのかかわりのみを取り出して考察することはできないはずである。小川（2016）が，お茶の水女子大学附属幼稚園の堀合文子の実践に参与観察した津守（1980）の取り上げた事例は「堀合と子どもたちとの関係の中で生み出されてきた，個々の子どもとクラス集団の実態があったはずなのに，そのことがほとんど存在しないかのように（中略）語られ，考察されている」（p.80）と，津守を批判するのはそれゆえである。

　幼児のふるまいのみを抽出したり，あるいは保育者と幼児のかかわり合いを，クラス集団の関係性から切り離して1対1の関係として捉えるまなざしは，環境の総体という制度や長期指導計画，園全体といった環境の総体（社会的・文化的文脈）から，場所やモノを切り離す視点と通底している。

❹　保育者の専門性

　「保育の質」が問われるようになるのに伴って，保育の遊び以外の場面，例えば食事や片付けといった生活習慣行動場面についての研究（淀川，2013：平野，2014：永瀬・倉持，2011）や，園バスに関する研究（境，2018）等がテーマにあがってくるようになった。また同時に，保育者の専門性が研究の主題となるようになってきた。専門性は，前述した遊び場面に関する保育者の省察に関する研究の他に，食事や片付け場面における保育者の指導・援助が取り上げられるようになってきた（伊藤，2013）。

　これらの場面が取り上げられるのは，保育者がその活動をして欲しいという願いと幼児たちの姿に葛藤が生じる場面だからである。秋田（2013）によれば「葛藤場面は，保育者があらかじめ計画し予定した活動とは異なり，専門的な即興的判断を子どもの心情や育ちを踏まえ状況に応じて行うことが求められる場面」（p.13）であり，片付けもその一つだという。片付け場面の研究では，保育者がその葛藤において幼児たちが片付け行動に向かうようにするために，どのように言語的あるいは非言語的に働きけているかという「専門的な即興的判断」が解明されている（砂上・秋田ほか，2009：箕輪・秋田ほか，2017等）。

近年生み出されているこれらの研究は，生活習慣行動場面を保育者の重要な保育実践として位置付けているという点で，保育実践方法を捉える視点が拡がりつつあることを示しているだろう。しかし，永瀬ら（2011）が言うように，片付けはその前の遊びの充実度と関連があるとすれば，片付けの場面だけを切り取って考察することには限界がある。その意味で皆が片付けるようになるのは，単にその場の「即興的判断」だけによるのではなく，長期的な環境（河邉の言う意味での）構成によるものでもあるという視点が必要と思われる。

❺ 「方法」と「臨床」の往還を提案している研究

保育環境が物的環境に限定される傾向があり，幼児理解が臨床的傾向にある中で，それらとは一線を画し，指導や援助の「方法」を提案しているものとして，小川の『保育援助論』（2000）がある。

小川の論は，制度的現実の自覚から出発する。すなわち担任保育者は一人で20～30名の幼児に責任を持たねばならないが，もし幼児一人一人が園内のそれぞれ別の場所でそれぞれ違う遊びをしていたら，全員を見取るのは難しいこと，また，個別的援助を必要とする幼児が同時に複数いる場合，保育者一人では同時に援助できないということである。そして，全員を見取り，また必要に応じて個別的援助を可能にするためには，幼児たちの遊びが室内の3～5つに群れ，それが保育者からは自立的に安定して遊びを展開することが必要であり，そのための「戦略」として，幼児が群れやすく遊びが安定し，かつ保育者から見取りやすい遊びコーナーの設置の仕方（部屋の隅や壁に沿って相互に見合う関係になるように設置する）と保育者のふるまい方（製作コーナーに壁を背にして座り，作る行為を行う）を述べている。保育者が作る行為は幼児のモデルになり，そこに幼児たちが参加すれば，それは遊び状況となってほかの幼児を触発する。援助の必要があると判断した場合は，各コーナーに出向いて自ら遊び行為を行ない，幼児たちのモデルとなる。こうして一定の時間，各コーナーの遊びが安定して保育者の関与がなくとも持続するようになると，保育者は幼

児の状況をじっくり見取ることができるので幼児理解が可能となり，同時に，援助の必要な幼児にも個別にかかわることができる。それはほかの幼児が関与を必要としていないからである。

　時間的環境については，「保育者の慣習性や幼児集団のつくった慣習性に拘束されるのであり，そのことを保育者が自覚化するための営みが長期指導計画づくり」（小川，2000，p.87）なのだという。例えば，ある園では夏休み明けにいつも幼児たちが自発的にリレーごっこを始め，それが次第に盛んになり，10月には運動会でクラス対抗リレーがある，というように，園に蓄積した集団の文化を自覚することによって，その環境としての文化が幼児たちの遊びを規定していることが自覚されるということである。

　以上の「戦略」は，30名前後の幼児に対して責任を持つ保育者が，クラス全員の幼児一人一人を理解し，個別的に関与するための「戦略」であり，河邉の言う環境を保育者が構成する具体的デザインとして述べたものである。この「戦略」は，「方法」と呼ぶことができる。「方法」の行使によって幼児の遊びや片付けの展開がある程度予測されたとしても，予測通りに展開しないことも多く，個別的・臨床的関与が必要となる場合が生じる。つまり，小川にとって，保育実践は「方法」の限界において「臨床」へと切り替わるのである。

　小川の『保育援助論』は，その長年の園内研修によって練り上げられたものであり，実践例は報告されているものの実証的研究は未だ少ない。今後積み重ねられることが必要である。

❻　保育方法に関する研究の課題

　以上の動向をふまえ，今後の課題としては，本稿で提示したような保育研究を俯瞰する座標軸を視点にして，それぞれの研究を位置づける必要があるだろう。なぜなら，本稿で示した様に，環境を通して幼児理解に基づいて行うとされている保育の方法に関しての研究動向は，環境の捉え方も幼児理解も関係性を細分化した研究が多く，それゆえ保育実践へといかに還元しうるかという意

義を問い直すメタ的考察が欠落する可能性があるからである。

　本稿で提示した視点によって，先にあげた研究に新たな展望が開かれること
を期待したい。

<注>

1)「幼児教育」という言葉は一般に「保育」という言葉で言い換えられる。幼稚園
　教育の対象は 3 歳〜 5 歳，保育の対象は 0 歳〜 5 歳であり，ここでは 0 〜 2 歳に
　関する研究も含むので両者とも「保育」という用語を用いることにする。

<引用文献>

・秋田喜代美（2013）「第 1 章　本研究の問題と目的」，幼児教育研究部会『葛藤場
　面からみる保育者の専門性の探究』野間教育研究所.
・池田竜介（2015）「日常の保育実践における保育者の子ども理解の特質：保育者が
　子どもを解釈・意味づけする省察の分析を通じて」，『保育学研究』53（2），pp.116-
　126，一般社団法人日本保育学会.
・伊藤優（2013）「保育所の給食場面における保育士の働きかけの特質」，『保育学研究』
　51（2），pp.211-222，一般社団法人日本保育学会.
・岩田恵子（2011）「幼稚園における仲間づくり：『安心』関係から『信頼』関係を
　築く道筋の探究」，『保育学研究』49（2），pp.157-167，一般社団法人日本保育学会.
・榎沢良彦（2018）『幼児教育と対話』岩波書店.
・岡田たつみ（2005）「『私の中のその子』とかかわり方」，『保育学研究』43（2），
　pp.187-193，一般社団法人日本保育学会.
・小川博久（2000）『保育援助論』生活ジャーナル社.
・小川博久（2016）「第 3 章　保育を支えてきた理論と思想」，日本保育学会編『保
　育学講座 1』東京大学出版会.
・河邉貴子（2015）「子どもの育ち合いを保障する遊びとは何か：『遊びの状況』に
　着目して」，『保育学研究』53（3），pp.296-305，一般社団法人日本保育学会.
・河邉貴子（2016）「第 9 章　環境を通しての保育」，日本保育学会編『保育学講座 3』
　東京大学出版会.
・北田沙也加（2018）「異年齢保育における幼児の乳児に対する養育的行動」，『保育
　学研究』56（2），pp.51-62，一般社団法人日本保育学会.
・鯨岡駿・鯨岡和子（2007）『保育のためのエピソード記述入門』ミネルヴァ書房
・甲賀崇史・根ケ山光一（2017）「保育所のテラスにおける幼児の靴履き行動の発達
　的検討」，『保育学研究』55（2），pp52-63，一般社団法人日本保育学会.
・境愛一郎（2018）「通園バスに対する保育者の認識と保育環境としての可能性」，『保

育学研究』56（3），pp.92-102，一般社団法人日本保育学会.
- 佐川早季子（2017）「幼児同士の仲間関係形成に伴う造形表現過程の変化：4歳児の製作場面におけるモノを『見せる』行為と製作過程に着目して」，『保育学研究』55（1），pp.31-42，一般社団法人日本保育学会.
- 汐見稔幸・村上博史・松永静子・保坂佳一・志村洋子（2012）「乳児保育室の空間構成と"子どもの行為及び保育者の意識"の変容」，『保育学研究』50（3），pp.298-308，一般社団法人日本保育学会.
- 砂上史子・秋田喜代美・増田時枝・箕輪潤子・安見克夫（2009）「保育者の語りにみる実践知：『片付け場面』の映像に対する語りの内容分析」，『保育学研究』47（2），pp.174-185，一般社団法人日本保育学会.
- 竹井史（2012）「子どもの土遊びを広げる物的環境としての土素材の工学的研究」，『保育学研究』50（3），pp.242-251，一般社団法人日本保育学会.
- 田代和美（2013）「こどもと共に生きる在りようを問う視点からの省察についての一考察：A・シュッツの自己理解と他者理解についての論をふまえて」，『日本家政学会誌』64（6），pp.299-306，一般社団法人日本家政学会.
- 辻谷真知子・秋田喜代美（2014）「新入園児の他者受容的認識への変容：4歳児の『他者に言及する発話』に着目して」，『乳幼児教育学研究』（23），pp.13-24，日本乳幼児教育学会.
- 辻谷真知子（2018）「3〜5歳児の言語的やりとりから捉える規範意識：根拠を明示しない規範に着目して」，『保育学研究』56（2），pp.63-74，一般社団法人日本保育学会.
- 津守真・本田和子・松井とし（1974）『人間現象としての保育研究 第1』光生館.
- 津守真（1980）『保育の体験と思索』大日本図書.
- 利根川彰博（2013）「幼稚園4歳児クラスにおける自己調整能力の発達過程：担任としての1年間のエピソード記録からの検討」，『保育学研究』51（1），pp.61-72，一般社団法人日本保育学会.
- 永瀬祐美子・倉持清美（2011）「集団保育における幼児の生活習慣行動の習得過程：『片付け場面』に着目して」，『日本家政学会誌』62（11），pp.735-741，一般社団法人日本家政学会
- 西隆太朗（2018）『子どもと出会う保育学』ミネルヴァ書房.
- 畠山寛（2018）「自由遊び場面における保育者の『フレーム』を通した状況理解と子どもへの関わり：保育者の語りの分析から」，『保育学研究』56（3），pp.9-20，一般社団法人日本保育学会.
- 平野麻衣子（2014）「片付け場面における子どもの育ちの過程：両義性に着目して」，『保育学研究』52（1），pp.68-79，一般社団法人日本保育学会.
- 松原未季・本山方子（2016）「幼稚園3歳児の対人葛藤場面における介入行為と状況変化」，『保育学研究』54（2），pp.37-48，一般社団法人日本保育学会.

・箕輪潤子・秋田喜代美・安見克夫・増田時枝・中坪史典・砂上史子（2017）「時間に制約のある片付け場面における保育者の援助と意図」，『保育学研究』55（1），pp.6-18，一般社団法人日本保育学会.
・宮本雄太・秋田喜代美・辻谷真知子・宮田まり子（2016）「幼児の遊び場の認識：幼児による写真投影法を用いて」，『乳幼児教育研究』（25），pp.9-21，日本乳幼児教育学会.
・文部科学省（2017）「幼稚園教育要領＜平成29年告示＞」フレーベル館.
・山田恵美（2012）「幼児の活動の展開を支える保育環境：絵本コーナー内の場と読み方」，『保育学研究』50（3），pp.263-275，一般社団法人日本保育学会.
・湯浅阿貴子（2015）「幼児のゲーム遊びに生じる『ずる』の実態と仲間との相互交渉による意識の変容：縦断的観察からのエピソード分析から」，『保育学研究』53（3），pp.248-260，一般社団法人日本保育学会.
・吉村香（2012）「保育者の語りに表現される省察の質」，『保育学研究』50（2），pp.154-164，一般社団法人日本保育学会.
・淀川裕美（2013）「2-3歳児の保育集団での食事場面における対話のあり方の変化：伝え合う事例における応答性・話題の展開に着目して」，『保育学研究』51（1），pp.36-49，一般社団法人日本保育学会.

136　第Ⅲ部　教育方法学の研究動向

2　高等教育に関する研究動向

聖心女子大学　**杉原　真晃**

　2019年現在，高校教育・大学入試・大学教育の一体的改革が進められている。その方向性の善し悪しは別としてそこに通底するのは，変革の激しい社会状況を背景とした，個人の「資質・能力」への着目（学力の三要素：「基礎的な知識・技能」「思考力・判断力・表現力等の能力」「主体性・多様性・協働性」）であり，それをふまえた教育の質的転換である。

　本稿では，このような状況における，日本教育方法学会や日本教育工学会において展開されている高等教育に関する議論，および大学教育学会において展開されている教育方法にかかわる議論を参照し，主に国内における高等教育に関する研究動向について確認する。

❶　アクティブラーニングと教育方法

（1）ディープ・アクティブラーニング

　高等教育において，アクティブラーニングについての議論が継続されている。また近年では，網羅主義と活動主義の二項対立を超えるためのディープ・アクティブラーニングについても検討されている（松下ら，2015）。ディープ・アクティブラーニングは，Marton, Entwistle, Biggs & Tangなどの理論をベースとして，「深い学習」「深い理解」「深い関与」という3点から理論的にとらえ直され，知識（内容）と活動との関連を重視した学習のあり方が確認されている。

　さらに松下（2016）では，高等教育も含めた教育業界全体におけるアクティブラーニングについて，知識（knowing）と能力（doing）と資質（being）とい

う資質・能力の3次元構造と、「対象世界との関係（認知的側面）」「他者との関係（社会的側面）」「自己との関係（情意的側面）」という資質・能力の3軸構造を踏まえながら、そこに「メタ学習」「省察性」を組み入れた〈3次元×3軸と省察性〉という「3・3・1」モデルが提案されている。このモデルにより、自身のアクティブラーニングがどのような構造をもつのかとらえることができ、深い学びへと誘うことが期待されるのである。

(2) アクティブラーニングを実現するための技法・ツール

　松下ら（2015）では、高等教育におけるディープ・アクティブラーニングをもたらす実践事例として、反転授業や協同学習、ピア・インストラクション、コンセプトマップの活用、PBL（Problem-Based Learning）、リーダーシップ教育等が紹介されている。森（2014）では、「ワークショップ」という技法の実践史を辿りながら、それをプラグマティズムという思想潮流の中で捉えることにより教師教育に貢献できると指摘されている。ワークショップについて、佐伯（2012）は「まなびほぐし（アンラーン）」の契機となると述べている。学びを自らに意味づけ直していくという営みが、高等教育におけるディープ・アクティブラーニングを実現する一つのツールとなるのではないだろうか。

　また、日本教育方法学会においては、第52回大会課題研究において教師教育における「ケース・メソッド」が取り上げられている（藤江ら、2017）。ここでは、ケース・メソッドの意義とともに、「ケース」をどのようにして教材として価値あるものにするのかという課題について指摘されている。

(3) アクティブラーニングの学習成果

　アクティブラーニングについては、その学習成果がいかにして説明・検証できるのかが検討されている。大学教育学会においては、2015年より課題研究「アクティブラーニングの効果検証」が進められてきた（溝上、2018）。ここでは、アクティブラーニングの外化尺度が開発され、一定の学習効果が認められることが明らかになっている。

　また、レポート課題におけるルーブリックの開発とその信頼性の検証を行った研究がある（松下ら、2013）。この研究では、一般に信頼性が十分と判断さ

138 第Ⅲ部 教育方法学の研究動向

れる域には達しなかったが，類似の領域での先行研究と比べてほぼ同等の結果が得られ，「問題解決能力」「論理的思考力」「表現力」といった概念を，ルーブリックにより学生の学習や教員の指導にとって理解可能なレベルにまで具体化することができたと述べられている。そして，PBL（Problem-Based Learning）科目におけるパフォーマンス評価として，ルーブリックを用いた学生による自己評価が教員による評価よりも甘めになされること，学生の評価と教員の評価との間のズレを振り返った後には，辛めの自己評価をする学生が出てくること等も明らかにされている（斎藤ら，2017）。大学教育では，学問領域の特性によってルーブリックの項目やパフォーマンス評価のあり方も異なってくることが想定される。今後の研究の蓄積が必要となろう。

❷ テクノロジーと教育方法

（1）STEM／STEAM

STEMとは，Science，Technology，Engineering，Mathematicsの頭文字を並べたものであり，STEAMとは，そこに「A：Art」を加えたものである。双方とも，技術革新・ICTの時代における市民としての科学技術への理解と判断力を持つことを目的とした教育であり，高等教育において注目度が増してきている。STEMもSTEAMも各学問領域が統合・融合されることが大切であり，その統合の水準には「分野別（Disciplinary）」「多分野的（Multidisciplinary）」「分野連携的（Interdisciplinary）」「分野包含的（Transdisciplinary）」という4つの段階があると指摘されている（胸組，2019）。大学教育学会においては，シンポジウムやラウンドテーブルにおいて盛んにテーマとして取り上げられており，特に教養教育・文理融合におけるSTEM・STEAM教育のあり方についての議論が，今後盛んになると考えられる。教育方法としては，具体的にどのようにすれば学問領域の統合・文理融合が達成されるのかが関心の対象となろう。

例えば，吉永ら（2016）では，リベラルアーツとしてのSTEMの開発の実践報告がなされ，教養教育としての物理学教育に関して学習支援システム

（Moodle）を活用した反転授業と授業内でのグループワークをベースにした，アクティブラーニング実践事例が紹介されている。この実践では，アクティブラーニング型の授業構成に対する学生の感想について，賛成が6割弱，反対が1割強であったこと，中間試験の成績について，高等学校物理を十分履修した学生とそうでない学生との間で，試験成績に有意な差は認められなかったことなどが明らかにされている。また，山田（2018）では，科学分野で起こる社会問題を正しく読み解き解説できる人材を養成する，学部横断型副専攻教育プログラムについて報告されている。とはいえ，これらの報告は統合・融合がどのように実現したかといった観点からの分析がなされているわけではない。今後，各学問領域の統合・融合をめざした教育方法と学習成果に関する事例研究が重ねられていくことが必要であろう。

(2) AI と教育

　AIの発展に伴う教育のあり方は，高等教育においても注目度が増している。2019年3月には，政府の「統合イノベーション戦略推進会議」が，すべての大学生・高等専門学校生に初級レベルのAI教育を受けさせることが盛り込まれた「人工知能（AI）戦略」に関する提言を有識者会議から受けたという報道がなされた。2018年6月に開催された大学教育学会第40回大会では「AI時代を生きるための教養教育」が統一テーマとして掲げられ，「AI時代を生きるための教養教育に必要なこと」をテーマとしてシンポジウムが行われた。そして，2019年6月に開催された第41回大会では，新井紀子氏による「AI時代の高大接続改革－読解力調査から見る今の高校生・大学生」が基調講演のテーマとなっている。

　先述したSTEM・STEAMもAIの発展に関連した教育のあり方を問う流れの一つであるが，例えばほかにも，ICT・AIを用いて学習者の学習履歴をもとに学習を最適化するアダプティブラーニング（Adaptive Learning）の開発が進められている。高等教育においては，プログラミングにおけるアダプティブラーニング・システムの開発が報告されている（堤ら，2018）。このような技術開発による学習の最適化の進展とともに，それがどのような領域・学習内容にお

いて意義があり，どのような領域・学習内容においては限界があるのかといった点も含め，教育技術が社会学的・哲学的な側面からも検討されていくことが望まれる。

(3) MOOC ／ MOOCs

MOOC ／ MOOCs（以下「MOOC」）とは，Massive Open Online Course（s）の略語であり，インターネット上で講義ビデオを視聴したり，問題や宿題に取り組んだり，掲示板上で受講者同士あるいは講師と交流したりすることで，誰もが場所・時間を問わず，原則無料で学びを進めることを可能とする形態の講義である（田口ら，2018）。2012年にアメリカにおいてedXやCourseraといったMOOC提供団体が設立され，日本においてもMOOCの提供が開始されている。

MOOC 等のオープンエデュケーションには，「教材蓄積」「教育改善」「生涯学習」等を促す効果があることが明らかにされている（重田，2016）。そして，MOOCを活用した反転授業が「教育改善」に有効であることをふまえ，MOOCを活用した反転授業の授業デザインとそこでの学習プロセスが検討されている（田口ら，2018）。また，渡邉ら（2017）では，MOOCに代表されるオンライン講座におけるドロップアウト率の低減を図るための示唆を得ることを目的として，JMOOC（日本オープンオンライン教育推進協議会）の講座における学習者のeラーニング指向性と相互評価指向性（相互評価への信頼感，相互評価の有用感）が学習継続意欲と講座評価に及ぼす影響について検討されている。ここでは，eラーニング指向性と相互評価指向性が学習継続意欲と講座評価に寄与することが明らかにされている。遠隔教育においては，学習継続性が課題となる。今後の研究の蓄積が大切となろう。

❸　コミュニティへの参加と教育方法

(1) コミュニティ・ベースド・ラーニング

大学の機能には「教育」「研究」「管理運営」に加え「社会貢献」がある。教育を通した社会貢献の一つに，地域社会での社会貢献活動を通した教育・学習

をめざす「コミュニティ・ベースド・ラーニング」（Community-Based Learning）があり，その代表的な取り組みに「ボランティア学習」や「サービス・ラーニング」（Service Learning）がある。

(2) ボランティア学習，サービス・ラーニング

　ボランティア学習とは，課外活動としてのボランティア活動を通して学びが発生することをとらえたものである。ボランティア活動での学びでは，活動の場となるフィールドを通じてさまざまな人とかかわること，そして活動を振り返る教職員のさまざまな支援により，コミュニティでの活動を学習に結びつけ，授業での学習との間を架橋して往復関係を組織化する中で，知識・経験を持ち出したり持ち込んだりするラーニング・ブリッジングが成立することが指摘されている（河井，2012）。

　一方，サービス・ラーニングとは，地域のニーズにもとづく社会貢献活動を正課活動として行う学習プログラムである。地域のニーズや学習の目的によって，Problem-based learning，Project-based learning等，多様な教育方法をもって実施することが可能である。サービス・ラーニングはボランティア学習と同様，地域での活動が既存の知識・技能や経験と関連づけられ，新たな知識・技能を獲得することに開かれていることが重要となる。つまり，ディープ・アクティブラーニングで検討されていた知識と活動との関連が重視されるのである。そして，そのために，教育者による活動の構造化と，学習者による振り返りが重要となる。

　深い関与や深い理解をめざした現地での活動の質の向上については，大学と地域社会が協働して開発した，学生に求める活動の質・学習成果を示した評価規準が，現地での活動の質の向上に寄与すること，そして，評価規準によって現地での活動・学習が堅苦しくなったり，つまらなくなったりすることは概ねなかったことが指摘されている（杉原ら，2015）。このようなコミュニティ・ベースド・ラーニングについては，今後，大学の他の授業や学生の生活世界と関連づいていくこと，受け入れ地域の持続的開発と教育実践の持続性を向上させること等が課題となろう。

142　第Ⅲ部　教育方法学の研究動向

❹　ユニバーサルデザインと教育方法

（1）障害のある学生への特別な配慮

　2016年施行の障害者差別解消法により，大学においても障害のある学生等に対しての合理的配慮が求められるようになった。大学教育学会においては，2014年より課題研究「発達障害学生への学生支援・大学教育の役割」が立ち上がった（青野，2015）。このような動向が，障害のある人への理解と支援の充実とともに，障害の有無にかかわらず，多様な学生が学習に参加できるようになるという，大学教育全体のあり方を問い直す機会になることが大切である。

　例えば，片岡（2015）は，特別支援教育の立場から，高等教育における障害をもつ学生への支援の意義と課題について検討している。そして，今後の課題として，大学での支援強化と並行し，各発達段階での支援の充実を図ると共に，引き継ぎの円滑化や，組織的な支援としてのユニバーサルデザイン教育の充実，相談窓口の設置と支援の明確化が期待されるとしている。そして小川（2017）は，高等教育においてアクティブラーニング等の学生参画型授業の広がりとともに，発達障害のある学生の存在がより顕在化し，合理的配慮の範囲や支援方法を巡り苦慮する場面が増えてきていると指摘している。そして，サポート学生の配置やインターネット回線を利用した遠隔ノートテイク実験等について報告されている。また，演習型授業への参加に困難をもつ自閉症スペクトラム障害の学生や，それに準ずるコミュニケーションの苦手な学生への配慮として，シラバス記載の配慮，演習形式を練習する機会の提供，ファシリテーターの活用，授業内での課題の具体化・明確化，見通しを持たせる配慮，視覚支援，感覚過敏への対応等の実践研究も行われている（原田ら，2017）。

（2）教育のユニバーサルデザイン

　障害のある学生への特別な配慮だけでなく，障害の有無にかかわらず多様な学生が質の高い学習にアクセスできるようになるような環境をつくり出すという発想が，教育のユニバーサルデザインである。

　2019年に東北大学で開催された大学教職員研修（PDプログラム）において，

「学びのユニバーサルデザイン（UDL）で幅広い教育ニーズに対応できる講義を」というテーマで，大学授業でのUDLの導入実践事例の紹介とワークショップが行われた。UDLでは最近接発達領域，スキャフォールディング，メンター，モデリング等，脳科学，学習科学，認知心理学等の分野のさまざまな研究知見が参照されており（CAST，2011），ICTをはじめとしたテクノロジーが，教材や学習目標，学習方法，評価等に柔軟性を提供する。それにより，学習者の理解度や理解方法に応じて，進度を変えたり用いる教材を変更したりし，かつ，その手段を使用するかどうかは学習者自身が選択することが可能となる（川俣，2014）。

　もちろん，ICTの活用は有用であるとはいえ，それが必要条件となっているわけではなく，ICTを使用せずともできる取り組みも存在する。CASTの実践事例では教員養成におけるUDLの導入が進められているが（Hall, et. al, 2012），我が国の高等教育におけるUDLの研究はほとんどみられない。今後盛んになっていくことが期待される。さらにいえば，このような特別な配慮やユニバーサルデザインについては，WHO（世界保健機構）によるICF（国際生活機能分類）モデルに鑑みれば，宗教的多様性やLGBTQ等をも射程に入れた，より多様な学生が共生できる教育の再構築が行なわれていくことが必要といえるであろう。

❺　まとめ

　以上に確認してきた研究動向のほかに，例えば，批判的思考力やライティングスキルの育成の研究（井下ら，2014；佐渡島ら，2015）や，大学教育におけるトランジション（学校から仕事への移行）や職業教育の研究（舘野ら，2016；日高，2017）等もある。これらは，大学進学率の向上と若者人口の減少という要素も加えた社会状況の変動を背景とした，学生が身につけるべき資質・能力に関する議論であり，高等教育が抱える大きな課題である。

　これらも含め，高等教育における教育方法の議論を，単なる技術論に終わら

144　第Ⅲ部　教育方法学の研究動向

せず，教育学的検討が加わった「大学教育学」として洗練させていくことが必要であろう。その際には，教育経験の複合性や重層性に目を向けることを通じて，「成果にもとづく教育」が，教育と学習から創造的性格を剥奪して教育の画一化や硬直化を招くことのないよう注意を傾ける（松下，2014）ことが大切である。さらには，このような教育方法が何を目的とするのか（市場経済における優秀な人材を育成するのか，人格形成をめざすのか，SDGsをめざすのか等）といった歴史的・哲学的検討が重ねられたものとして展開されていくことが望まれる。筆者もまたその一助となるよう尽力していきたい。

＜引用・参考文献＞

・青野透（2015）「発達障害学生支援をめぐる法制とその基本思想について：本課題研究設定の必然性」，『大学教育学会誌』37（1），pp.70-72，大学教育学会．
・CAST（2011）. Universal Design for Learning Guidelines version 2.0. Wakefield, MA: Author.（金子晴恵・バーンズ亀山静子訳「学びのユニバーサルデザイン（UDL）ガイドライン全文」.）
・藤江康彦・深澤広明・木村優・竹内伸一・姫野完治（2017）「教師教育における事例研究の教育方法学的検討：「アクション・リサーチ」や「ケース・メソッド」の可能性と課題」，『教育方法学研究』42，p.67，日本教育方法学会．
・Hall, T.E., Meyer, A., Rose, D.H.（2012）. Universal Design for Learning in the Classroom: Practical Applications. The Guilford Press.（バーンズ亀山静子訳（2018）『UDL 学びのユニバーサルデザイン：クラス全員の学びを変える授業アプローチ』東洋館出版社 .）
・原田新・枝廣和憲（2017）「大学のアクティブラーニング型授業に対応した ユニバーサルデザイン環境に関する一考察」，『岡山大学教師教育開発センター紀要』7，pp.137-146，岡山大学教師教育開発センター .
・日高淳（2017）「高等教育における職業教育のカリキュラムに関する予備的考察：職業実践専門課程に認定されている理容美容専門学校を事例に」，『教育方法学研究』18，pp.147-170，筑波大学人間系教育学域教育方法学研究室内教育方法研究会.
・井下千以子・井下理・小笠原正明（2014）「教養教育における批判的思考の育成の検討：ライティング教育の観点から」，『大学教育学会誌』36（2），pp.42-44，大学教育学会 .
　片岡美華（2015）「ライフステージからとらえる障害学生支援の課題と展望：特別支援教育の立場から」，『大学教育学会誌』37（1），pp.77-81，大学教育学会 .

- 河井亨（2012）「授業と授業外をつなぐ学生の学習ダイナミクスの研究：WAVOC プロジェクト参加学生へのインタビュー調査の分析から」,『教育方法学研究』37, pp.1-12, 日本教育方法学会.
- 川俣智路（2014）「国内外の「ユニバーサルデザイン教育」の実践」, 柘植雅義編著『ユニバーサルデザインの視点を活かした指導と学級づくり』pp.8-19, 金子書房.
- 松下佳代（2016）「資質・能力の形成とアクティブ・ラーニング」, 日本教育方法学会編『教育方法45 アクティブ・ラーニングの教育方法学的検討』pp.24-37, 図書文化社.
- 松下佳代・京都大学高等教育研究開発推進センター編著（2015）『ディープ・アクティブラーニング』勁草書房.
- 松下佳代（2014）「高等教育研究」, 日本教育方法学会編『教育方法学研究ハンドブック』pp.228-233, 学文社.
- 松下佳代・小野和宏・高橋雄介（2013）「レポート評価におけるルーブリックの開発とその信頼性の検討」,『大学教育学会誌』35（1）, pp.107-115, 大学教育学会.
- 溝上慎一（2018）「アクティブラーニングの効果検証：最終年の報告」,『大学教育学会誌』40（1）, pp. 27-28, 大学教育学会.
- 胸組虎胤（2019）「STEM教育とSTEAM教育：歴史, 定義, 学問分野統合」,『鳴門教育大学研究紀要』34, pp.58-72, 鳴門教育大学.
- 森玲奈（2014）「日本におけるワークショップの展開とその特質に関する歴史的考察：プラグマティズムとの関連性に着眼して」,『教育方法学研究』39, pp.49-58, 日本教育方法学会.
- 小川勤（2017）「発達障害学生に対する組織的支援の現状と課題について：修学支援・移行支援の課題と学内外組織との連携・協力」,『大学教育学会誌』39（1）, pp.57-61, 大学教育学会.
- 佐伯胖（2012）「「まなびほぐし（アンラーン）」のすすめ」, 苅宿俊文・佐伯胖・高木光太郎編『ワークショップと学び1：まなびを学ぶ』pp.27-68, 東京大学出版会.
- 斎藤有吾・小野和宏・松下佳代（2017）「ルーブリックを活用した学生と教員の評価のズレに関する学生の振り返りの分析：PBLのパフォーマンス評価における学生の自己評価の変容に焦点を当てて」,『大学教育学会誌』39（2）, pp.48-57, 大学教育学会.
- 佐渡島紗織・宇都伸之・坂本麻裕子（2015）「初年次アカデミック・ライティング授業の効果：早稲田大学商学部における調査」,『大学教育学』37（2）, pp.154-161, 大学教育学会.
- 重田勝介（2016）「オープンエデュケーション：開かれた教育が変える高等教育と生涯学習」,『情報整理』59（1）, pp.3-10, 国立研究開発法人科学技術振興機構.
- 杉原真晃・橋爪孝夫・時任隼平・小田隆治（2015）「サービス・ラーニングにおけ

146 第Ⅲ部 教育方法学の研究動向

る現地活動の質の向上：地域住民と大学教員による評価基準の協働的開発」，『日本教育工学会論文誌』38（4），pp.341-349，日本教育工学会．

・ 田口真奈・後藤崇志・毛利隆夫（2018）「グローバル MOOC を用いた反転授業の事例研究：日本人学生を想定した授業デザインと学生の取り組みの個人差」，『日本教育工学会論文誌』42（3），pp.255-269，日本教育工学会．

・ 舘野泰一・中原淳・木村充・保田江美・吉村春美・田中聡・浜屋祐子・高崎美佐・溝上慎一（2016）「大学での学び・生活が就職後のプロアクティブ行動に与える影響」，『日本教育工学会論文誌』40（1），pp.1-11，日本教育工学会．

・ 堤瑛美子・宇都雅輝・植野真臣（2018）「ダイナミックアセスメントのための隠れマルコフ IRT モデル」，『電子情報通信学会論文誌．D，情報・システム』J102-D（2），pp.79-92，電子情報通信学会．

・ 山田礼子（2018）「文理融合の新しい STEM プログラムの動向：米国，シンガポール，日本の事例を中心に」，『大学教育学会誌』40（1），pp.54-58，大学教育学会．

・ 吉永契一郎・坪田幸政・杉森公一・斉藤準（2016）「STEM 教育改善とアクティブラーニング」，『大学教育学会誌』38（2），pp.90-94，大学教育学会．

・ 渡邉文枝・向後千春（2017）「JMOOC の講座における e ラーニングと相互評価に関連する学習者特性が学習継続意欲と講座評価に及ぼす影響」，『日本教育工学会論文誌』41（1），pp.41-51，日本教育工学会．

日本教育方法学会会則

第1章　　　総　　則

第1条　本会は日本教育方法学会という。

第2条　本会は教育方法（教育内容を含む）全般にわたる研究の発達と普及をは
　　　かり，相互の連絡と協力を促進することを目的とする。

第3条　本会に事務局をおく。事務局は理事会の承認を得て，代表理事が定める。

第2章　　　事　　業

第4条　本会は第2条の目的を達成するために，下記の事業を行う。

　　　　1．研究集会の開催

　　　　2．機関誌および会報の発行

　　　　3．研究成果，研究資料，文献目録，その他の刊行

　　　　4．他の研究団体との連絡提携

　　　　5．その他本会の目的を達成するために必要な事業

第3章　　　会　　員

第5条　本会の会員は本会の目的に賛同し，教育方法（教育内容を含む）の研究
　　　に関心をもつものによって組織する。

第6条　会員は研究集会に参加し，機関誌その他の刊行物においてその研究を発
　　　表することができる。

第7条　本会の会員となるには，会員の推せんにより入会金2,000円を添えて申
　　　し込むものとする。会員は退会届を提出して退会することができる。

第8条　会員は会費年額8,000円（学生会員は6,000円）を納入しなければならない。過去3年間にわたって（当該年度を含む）会費の納入を怠ったばあいは，会員としての資格を失う。

第4章　　　　組 織 お よ び 運 営

第9条　本会には以下の役員をおく。

　　　　　　代 表 理 事　1　名

　　　　　　理　　　　事　若干名（うち常任理事　若干名）

　　　　　　事 務 局 長　1　名

　　　　　　事務局幹事　若干名

　　　　　　監　　　査　2　名

第10条　代表理事の選出は理事の互選による。理事は会員のうちから選出し，理事会を構成する。常任理事は理事の互選により決定し，常任理事会を組織する。事務局長は理事会の承認を得て代表理事が委嘱する。事務局幹事は代表理事の承認を得て事務局長が委嘱する。監査は総会において選出する。

第11条　代表理事は本会を代表し，諸会議を招集する。代表理事に事故あるときは，常任理事のうちの1名がこれに代わる。理事会は本会運営上の重要事項について審議し，常任理事会は会の運営，会務の処理にあたる。事務局は事務局長および事務局幹事で構成する。事務局は庶務および会計事務を分掌し，代表理事がこれを統括する。監査は本会の会計を監査する。

第12条　各役員の任期は3年とする。ただし再任を妨げない。

第13条　総会は本会の事業および運営に関する重要事項を審議し，決定する最高の決議機関である。総会は毎年1回これを開く。

第14条　本会に顧問をおくことができる。顧問は総会において推挙する。

第15条　本会は理事会の議を経て各大学・学校・研究機関・地域などを単位として支部をおくことができる。支部は世話人1名をおき，本会との連絡，支部の会務処理にあたる。

第5章　　　会　　計

第16条　本会の経費は会費・入会金・寄付金その他の収入をもってこれにあてる。
第17条　本会の会計年度は毎年4月1日に始まり，翌年3月31日に終わる。

付　　則

1．本会の会則の改正は総会の決議による。
2．本会則は昭和39年8月20日より有効である。
3．昭和40年8月23日一部改正（第3条・第8条）
4．昭和48年4月1日一部改正（第8条）
5．昭和50年4月1日一部改正（第8条）
6．昭和51年4月1日一部改正（第7条・第8条）
7．昭和54年4月1日一部改正（第12条）
8．昭和59年10月6日一部改正（第3条・第10条）
9．昭和60年10月11日一部改正（第8条）
10．昭和63年9月30日一部改正（第8条）
11．1991年10月6日一部改正（第7条）
12．1994年10月23日一部改正（第8条）
13．1998年10月3日一部改正（第8条）
14．2004年10月9日一部改正（第9条・第10条・第11条）

日本教育方法学会　理事名簿 (2019年8月現在)

1. 理事

秋　田　喜代美	東京大学
安　彦　忠　彦	神奈川大学
○阿　部　　　昇	秋田大学
○池　野　範　男	日本体育大学
石　井　英　真	京都大学
○梅　原　利　夫	和光大学名誉教授
遠　藤　貴　広	福井大学
○大　野　栄　三	北海道大学
小　柳　和喜雄	奈良教育大学
折　出　健　二	愛知教育大学名誉教授
鹿　毛　雅　治	慶應義塾大学
○川　地　亜弥子	神戸大学
木　原　俊　行	大阪教育大学
金　馬　国　晴	横浜国立大学
○草　原　和　博	広島大学
◎子　安　　　潤	中部大学
佐久間　亜　紀	慶應義塾大学
佐　藤　　　学	学習院大学
澤　田　　　稔	上智大学
柴　田　好　章	名古屋大学
庄　井　良　信	北海道教育大学
白　石　陽　一	熊本大学
高　橋　英　児	山梨大学
竹　内　　　元	宮崎大学
田　代　高　章	岩手大学

田　中　耕　治	佛教大学
○田　上　　　哲	九州大学
田　端　健　人	宮城教育大学
鶴　田　清　司	都留文科大学
豊　田　ひさき	朝日大学
○中　野　和　光	美作大学
○西　岡　加名恵	京都大学
○西　岡　けいこ	香川大学
久　田　敏　彦	大阪青山大学
○深　澤　広　明	広島大学
福　田　敦　志	大阪教育大学
○藤　江　康　彦	東京大学
松　下　佳　代	京都大学
○的　場　正　美	東海学園大学
三　石　初　雄	帝京大学
三　橋　謙一郎	徳島文理大学
三　村　和　則	沖縄国際大学
山　﨑　準　二	学習院大学
○湯　浅　恭　正	中部大学
○吉　田　成　章	広島大学

【総計45名：五十音順】

【○印は常任理事，◎印は代表理事】

2. 監査

三　村　真　弓	広島大学
山　住　勝　広	関西大学

日本教育方法学会入会のご案内

日本教育方法学会への入会は，随時受け付けております。返信用120円切手を同封のうえ，入会希望の旨を事務局までお知らせください。

詳しいお問い合わせについては，学会事務局までご連絡ください。

【日本教育方法学会事務局】

〒739-8524　東広島市鏡山1-1-1

広島大学大学院教育学研究科 教育方法学研究室気付

Tel / Fax：082-424-6744

E-mail：hohojimu@riise.hiroshima-u.ac.jp

なお，新たに入会される方は，次の金額を必要とします。ご参照ください。

	一般会員	学生・院生
入会金	2,000円	2,000円
当該年度学会費	8,000円	6,000円
計	10,000円	8,000円

執筆者紹介（執筆順）

子安	潤	中部大学
松下	佳代	京都大学
岩間	徹	平安女学院中学校・高等学校
大野	栄三	北海道大学
藤瀬	泰司	熊本大学
二宮	衆一	和歌山大学
白石	陽一	熊本大学
金井	香里	武蔵大学
永田	麻詠	四天王寺大学
望月	未希	東京都立高等学校
岩田	遵子	東京都市大学
杉原	真晃	聖心女子大学

教育方法48　**中等教育の課題に教育方法学はどう取り組むか**

2019年10月20日　初版第1刷発行［検印省略］

編　者　©日本教育方法学会
発行人　　福　富　　泉
発行所　　株式会社　**図書文化社**
　　　　　〒112-0012　東京都文京区大塚1-4-15
　　　　　TEL.03-3943-2511　FAX.03-3943-2519
　　　　　http://www.toshobunka.co.jp/
組　版　　株式会社　エスアンドピー
印刷製本　株式会社　厚徳社
装幀者　　玉　田　　素子

JCOPY〈出版者著作権管理機構　委託出版物〉
本書の無断複製は著作権法上での例外を除き禁じられています。
複製される場合は，そのつど事前に，出版者著作権管理機構
（電話 03-5244-5088，FAX 03-5244-5089，e-mail: info@jcopy.or.jp）
の許諾を得てください。

乱丁・落丁本の場合はお取り替えいたします。
定価はカバーに表示してあります。
ISBN978-4-8100-9737-5　　　C3337